MÉMOIRES

SUR

MGR DE BOMBELLES

ÉVÊQUE D'AMIENS

Par M. l'Abbé DUNEUFGERMAIN

CURÉ DE FRAMERVILLE DE 1857 A 1875

(Ouvrage Posthume)

AMIENS

IMPRIMERIE DE DELATTRE-LENOEL

30, RUE DES RABUISSONS, 30

1877

MÉMOIRES

SUR

MONSEIGNEUR DE BOMBELLES

ÉVÊQUE D'AMIENS

MÉMOIRES

SUR

MGR DE BOMBELLES

ÉVÊQUE D'AMIENS

PAR l'Abbé DUNEUFGERMAIN

CURÉ DE FRAMERVILLE DE 1837 A 1875

(Ouvrage Posthume)

AMIENS

IMPRIMERIE DE DELATTRE-LENOEL

30, RUE DES RABUISSONS, 30

1877

AVERTISSEMENT.

Après la mort de M. l'abbé Duneufgermain, curé de Framerville (Somme), des Amis dévoués à sa vénérée mémoire s'empressèrent de recueillir ses *Notes manuscrites* sur la vie de Mgr de Bombelles. Malheureusement, une cruelle maladie et une mort prématurée avaient empêché le pieux auteur de mettre la dernière main à son œuvre et d'affecter les fonds nécessaires à sa publication. On avait dû, par suite, renoncer peu à peu à l'espoir si doux de posséder l'ouvrage imprimé et de laisser ainsi un souvenir doublement précieux aux meilleurs amis de l'Auteur et aux Membres de la famille de Bombelles.

Mais, tout récemment, une famille, très-généreuse voulut bien se charger des frais d'impression et deux savants écrivains consentirent à revoir, coordonner et compléter les notes de M. l'abbé Duneufgermain.

Aussitôt on se mit à l'œuvre et l'ouvrage, aujourd'hui terminé, vient réaliser le vœu de l'Auteur et de ses amis en même temps qu'il perpétuera le souvenir et l'exemple des vertus éminentes de Mgr de Bombelles dans sa triple carrière militaire, diplomatique et ecclésiastique.

D'importants ouvrages ont été publiés depuis quelques années sur les derniers évêques d'Amiens. Mgr de La Motte, Mgr Mioland et Mgr de Salinis ont eu leurs historiens. Un ecclésiastique du diocèse a, dans un travail consciencieux, esquissé la vie des prélats qui ont occupé le siége d'Amiens depuis la grande Révolution.

Si c'est un art d'accumuler les dates et de condenser les faits sans que l'abondance des matières nuise à l'intérêt de l'œuvre, et la concision du style à la clarté du récit, l'auteur possède éminemment cet art.

Malgré ces précieuses qualités, M. l'abbé Roze (1) gêné naturellement par le cadre étroit de ses courtes notices, a dû laisser de côté certains détails, d'autant plus désirés, que les faits auxquels ils se rattachent, sont présentés d'une manière plus piquante. — On aimerait à passer moins rapidement devant ces grandes figures d'évêques, la gloire de notre beau diocèse.

Un de ces évêques, Monseigneur de Bombelles, par ses vertus et par ses alliances de famille, appartient doublement à notre pays.

(1) Curé de Tilloy-lès-Conty.

A la mort de M. le Comte et de Mme la Comtesse de Castéja, (1) leur terre et leur château de Framerville furent vendus, et la bibliothèque ne fut pas épargnée.

Quand les amateurs et les brocanteurs eurent fait leur choix dans les livres, on vendit à la manne, et confondus pêle-mêle, les imprimés et les manuscrits considérés comme objets de nulle valeur ; j'achetai un de ces lots.

Quelques jours après, voulant prendre connaissance de ce que la curiosité m'avait porté à disputer à l'épicier, je m'aperçus que je possédais des notes intéressantes concernant Monseigneur de Bombelles. Des traditions orales recueillies des lèvres de mes nobles châtelains, me permirent de les compléter.

En rapprochant ce que j'avais entre les mains de ce qui avait été écrit sur le vénérable père de Mme la Comtesse, je vis avec plaisir que la plupart de mes notes étaient inédites.

Fallait-il les laisser perdre ? — Il m'a semblé qu'elles appartenaient à l'histoire, et particulièrement à celle du diocèse d'Amiens : j'essayai donc d'écrire cette histoire.

En dehors des renseignements dont je viens de parler je me suis attaché à ne puiser qu'aux sources les plus authentiques. Je dois citer tout d'abord l'article de Bombelles (2), de la *Biographie universelle*, parce qu'il a été rédigé d'après les renseignements fournis par M. le comte de Castéja et empruntés aux mémoires de Monseigneur de Bombelles, sachant pertinemment que M. Michaud jeune, signataire de cet article, n'y a mis que la forme.

M. le Curé de Tilloy a donc été bien inspiré en y faisant

(1) La comtesse de Castéja était la fille du marquis de Bombelles qui devint évêque d'Amiens.

(2) (Marc, Marie, marquis de)

de nombreux emprunts en ce qui regarde la carrière militaire et diplomatique du marquis de Bombelles. Ce qui concerne la vie et les actes de l'évêque est tout entier de M. l'abbé Roze ; et c'est en vain qu'on chercherait ailleurs les précieux documents qu'on est heureux d'y trouver ; je ne me ferai pas faute d'y puiser à l'occasion.

L'article « de Bombelles » inséré dans l'ouvrage intitulé : *Mémoires, souvenirs, œuvres et portraits* (1) a d'autant plus de valeur, que l'auteur, Alissan de Chazet, a été secrétaire du marquis de Bombelles, et par conséquent parfaitement renseigné.

On trouve, également dans le *Dictionnaire universel de la noblesse* (2), et dans celui des généraux français, par de Courcelles, des notices fort bien faites sur M. de Bombelles. Je m'en suis servi avec d'autant plus de confiance que je savais à n'en pouvoir douter que l'auteur avait travaillé d'après les titres originaux fournis par la famille du prélat.

Faire mieux connaître la vie et le noble caractère du marquis de Bombelles, le zèle et les vertus de l'éminent Prélat, sauver de l'oubli des documents destinés à éclairer les grands évènements auxquels il a été constamment mêlé, tel est mon dessein.

Le but que je me suis efforcé d'atteindre excusera, je l'espère, l'imperfection du travail.

(1) Paris. Postel (1837.)
(2) Paris (1821) tome IV.

I.

On croit généralement la Maison de BOMBELLES originaire du Portugal, où se voient encore, près de Sétuval (1), les ruines d'un ancien château de ce nom.

Cette famille semble avoir quitté le Portugal, on ne sait à quelle époque, et l'on en retrouve deux branches : l'une en Italie, l'autre en France.

Parmi les consuls qui gouvernèrent Gênes, de 888 à 1190 on voit, dans les années 1125 et 1139, un Guillaume de Bombelles occuper cet honorable emploi. Il paraît être la souche des deux branches dont nous donnons sommairement la liste :

EN ITALIE,

1125-1139. — Guillaume de Bombelles, gouverneur de Gênes.

1348. — Lancia de Bombelles et ses descendants demeurent à Valence sur le Pô. Ce Lancia de Bombelles traita de la reddition de cette ville avec le marquis de Montferrat. Il est repris dans l'acte avec six autres de Bombelles. Plusieurs habitent Asti et Cève en Piémont.

(1) Estramadure,

EN FRANCE,

Une branche de la même maison avait des propriétés dans l'Anjou, le Maine, le Vendômois et l'Orléanais.

1270. — Siméon de Bombelles passait en Afrique avec saint Louis et en revint à la suite de Philippe III, qui lui fit don de la baronnie de La Motte-Saint-Lié. Siméon de Bombelles prend le titre de baron de Saint-Lié.

De Jean de Bombelles, son fils, est issu Jacques de Bombelles.

Michel de Bombelles, fils de Jacques de Bombelles, fut le dernier possesseur en ligne directe de la baronnie de La Motte-Saint-Lié.

La communauté d'origine des branches d'Italie et de France est justifiée par un grand nombre de pièces originales et de faits démonstratifs.

Au xive siècle, Pierre de Bombelles, dans deux traités en Italie, est désigné comme natif du Maine et prend le titre de conseiller du roi de France.

Le plus ancien de ces traités est de l'année 1394, Pierre de Bombelles y intervint comme témoin.

Cet acte fut conclu dans la ville d'Asti entre Enguerrand de Coucy pour le duc d'Orléans, et le marquis de Montferrat, en présence de *Magnifici Petri, Bombelli, Regis Franciæ consiliarii* (1).

____

(1) Voyez l'histoire de Montferrat, par Benvenuto de San-Georgio.

Il y a apparence qu'alors ce Pierre de Bombelles était encore résidant et établi à Asti, et avait, *ad honores*, le titre de conseiller du Roi de France, comme cent ans après, Octavien de Bombelles établi à Orléans, dans les environs de la baronnie de la Motte-Saint-Lié, ancien domaine de sa famille, prenait le titre de connétable d'Asti.

Le second traité, dans lequel reparait Pierre de Bombelles, en 1418, concernait Louis, roi titulaire de Sicile, fils et pupille de la reine Yolande d'Aragon, au service de laquelle était alors Pierre de Bombelles, ainsi qu'il est prouvé par les actes passés à Angers, résidence habituelle de cette princesse (1).

En 1491, Octavien de Bombelles obtint la concession d'une maison sise à Orléans, *en considération des recommandables services rendus ci-devant à la maison d'Orléans, par ses père et frères*. Les descendants d'Octavien, ont presque tous suivi avec distinction la carrière des armes ; plusieurs ont inscrit leurs noms dans nos fastes militaires, tant dans la marine royale, que dans le commandement des troupes de terre de nos Rois. Parmi ceux qui ont laissé des souvenirs

(1) Præsentibus ibidem nobili viro Carolo de Medulione Domino de Ripparis in Delphinatu, Petro de Bombellis cenomaniæ, Ferolcio Thomassin de Forcalquiero, venerabilibus viris Dominis Anthonio canonico licentiato in legibus, Petro Magnini magistro computorum dicti Domini judicis, Petro-Curti-Petro vayronis de Chamberiaco, Johanne Palestorti de eodem loco et Matheo Busquete de Nicia, testibus ad hæc vocatis et rogatis.

honorables dans la marine, on cite Charles de Bombelles, inspecteur-général des troupes des galères, lequel avait organisé ce service, fort en vogue sous les règnes de Louis XIII et de Louis XIV. Il fut l'aïeul de Charles-Etienne baron de Bombelles, mort au moment où il allait être promu au grade de chef-d'escadre, que sa valeur et ses talents distingués lui avaient mérité.

Dans cette suite de braves militaires, Henri-François comte de Bombelles, père de Monseigneur l'Évêque d'Amiens, mérite une attention particulière.

Né à Huningue, il y fut baptisé le 27 février 1681. Il commença à servir en qualité de garde-marine (1) au département de Toulon, en 1696.

Pendant les cinq années qu'il y resta, il fit quelques voyages lointains et se trouva à plusieurs siéges. Des raisons de santé l'ayant obligé de quitter la marine, en 1701, il entra lieutenant dans le régiment d'infanterie de Vendôme, et fut blessé le 14 octobre 1702 à la bataille de Fredlinghen : l'année suivante, il obtint une compagnie dans le même régiment.

Après un grand nombre d'actions d'éclat, le comte de Bombelles devint major du régiment de Boufflers, lors de sa création, le 3 février 1706. Il assista à plusieurs batailles, entre autres, à celle de Malplaquet en 1709, devint lieutenant-colonel de son régiment, le 20 janvier 1711, et colonel, le 24 octobre de la même année.

(1) Compagnie composée de gentilshommes.

En 1717, il fit la campagne de Hongrie (1) sous le prince Eugène, auquel il servit d'aide-de-camp. A sa rentrée en France, il obtint plusieurs commandements. Créé brigadier par brevet du 18 février 1719, il fut élevé au grade de Maréchal-de-Camp, le 1er août 1734, et servit, en cette qualité, à l'armée du Rhin, battit, avec 300 dragons des compagnies franches, un corps de 1000 hommes du régiment de Caroly.

Enfin, nommé pour commander à Bitche le 11 janvier 1740, il obtint le grade de lieutenant-général par pouvoir du 2 mai 1744 et une place de Commandeur de l'Ordre de Saint-Louis, en date du 22 août 1754.

Il épousa en premières noces demoiselle de Surirey de Saint-Remy et en deuxièmes noces, en 1740, demoiselle Geneviève-Charlotte de Badains.

Il mourut à l'âge de quatre-vingts ans.

Dans son acte de décès, il est nommé :

« Messire Henri-François comte de Bombelles,
» seigneur d'Oranges, de Lavault et autres lieux,
» Chevalier, Cordon rouge de l'Ordre royal et militaire
» de Saint-Louis, Lieutenant-général des armées du roi,
» Commandant pour Sa Majesté le roi très-chrétien des
» château et ville de Bitche, de la frontière de la
» Lorraine allemande et de la Sarre. »

La ville de Bitche regretta son brave commandant et pleura surtout en lui l'homme de bien, dont tout le bonheur avait été d'employer sa fortune à soulager les pauvres et les malheureux.

(1) Campagne contre les Turcs.

Il fut enterré dans le chœur de l'église Sainte-Catherine, du côté de l'Évangile.

Sa mort fut l'occasion d'un deuil général : c'est ce qui résulte des remarquables paroles que prononça l'avocat procureur du roi à Bitche, en remettant au lieutenant-général civil et criminel du Baillage les lettres qui donnaient un successeur au comte de Bombelles.

« Nous venons, Messieurs, vous apporter les lettres
» de Commandement des ville château et comté de
» Bitche, que le roi a accordées à M. le comte de
» Tressan, lieutenant-général des armées de sa
» Majesté très-chrétienne, dont feu M. le comte de
» Bombelles était pourvu. Nous avons été vivement
» touchés de la mort d'un Général d'un si rare mérite ;
» nous y avons été d'autant plus sensibles que le roi
» perd en lui un grand capitaine, et les habitants du
» pays un puissant protecteur.

» N'oublions jamais les exemples de vertu qu'il nous
» a donnés ; souvenons-nous du bien qu'il nous a fait.
» Zélé pour son roi, il a tout employé pour ses intérêts ;
» bon pour le citoyen, il s'est refusé le repos pour le
» procurer aux autres ; charitable et compatissant, il a
» protégé le malheureux et secouru l'indigent ; affable
» et bienfaisant envers tous, chaque jour de sa vie a
» été marqué par quelque bienfait. »

Plus tard, la ville de Bitche fit élever à son vertueux gouverneur un monument plus significatif que tous les

éloges. L'exécution en fut confiée à un sculpteur de
Paris ; on y grava cette inscription :

HENRICO FRANCISCO COMITI DE BOMBELLES
LEGATO REGIORUM EXERCITUUM
EQUITI TORQUATO
SUPERIORIS ET INFERIORIS SARAVI PRÆFECTO
PATRI PROVINCIÆ
POST ANNOS XX ADMINISTRATIONIS OPTIMÆ
INTER OMNIUM LUCTUS ANNO MDCCLX EXTINCTO
SED IN SUI NOMINIS ITA ET VIRTUTUM
DIGNIS HÆREDIBUS REVIVISCENTI
MONUMENTUM POSUIT
ÆTERNUM MEMOR CIVITAS BITENSIS.

L'éloge que fait ici la ville de Bitche des héritiers
de M. de Bombelles, dans lesquels on voit, dit-elle,
revivre le nom et les vertus de leur père, indique assez
que ce monument ne fut pas érigé immédiatement
après la mort de celui-ci. Nous aurons dans la suite
occasion de revenir sur cet acte de reconnaissance
de la ville envers celui qu'elle avait moins regardé
comme un Gouverneur que comme un père, et
nous préciserons mieux alors la date du monument
qu'on voit encore aujourd'hui dans l'église Sainte-
Catherine.

Tel avait été le père de Monseigneur de Bombelles ;
son testament fut peu volumineux ; tous ses biens, il
les avait distribués aux pauvres : mais s'il ne laissait

pas à son fils les trésors de la fortune, il lui léguait un plus précieux héritage, celui de l'honneur et de la vertu (1).

(1) L'ancienne famille de Bombelles, alliée aux maisons de Louvois, de Mackau et de Falloux, qui, lors de la première révolution française, s'était retirée en Autriche, avait su acquérir par sa piété, par son attachement à ses Rois, par sa noble conduite, la confiance et la considération de l'empereur François. (*Notice sur l'administration de S. E. M. le comte Charles de Bombelles.*)

II.

Marc-Marie, marquis de BOMBELLES, naquit à
Bitche, le 8 octobre 1744.

L'éducation distinguée que lui fit donner son père,
lui valut l'honneur d'entrer, en qualité de page, dans
la maison du duc de Bourgogne, frère aîné de
Louis XVI. Les qualités du jeune page ne tardèrent pas
à lui gagner les bonnes grâces du prince, qui lui témoigna la plus vive amitié.

Si ce dût être pour le vieux gouverneur de Bitche un
des soucis les plus navrants de sa vieilllesse, que de
laisser Marc, si jeune, sans fortune et sans protection,
il dût pourtant se consoler en pensant à tout ce que
semblait présager à son fils, l'affection du jeune duc.
Mais un événement inattendu vint lui apprendre que
les plus flatteuses espérances de ce monde n'apportent
souvent que d'amères déceptions.

C'était au mois de décembre 1759, Marc venait
d'entrer dans sa quinzième année, quand, un jour, on
vint dire à sa mère : « Votre fils est atteint de la petite
vérole ! »...

Elle part, elle arrive, elle entre dans la chambre du
malade, écarte précipitamment les rideaux... un cri
déchirant s'échappe de sa poitrine !,.. elle a reculé
involontairemeut d'horreur !

Bientôt l'amour maternel reprenant ses droits, elle se précipite sur son fils, le serre convulsivement dans ses bras.... Mais l'émotion avait été trop vive, Madame la Marquise de Bombelles se retira, emportant dans son sein le germe de la hideuse maladie, qui, un mois plus tard, la conduisait à la tombe. Ainsi mourut à Versailles, le 6 janvier 1760, dame Geneviève-Charlotte de Badains.

Le comte de Bombelles ne porta pas longtemps le poids de sa douleur ; inconsolable de la perte qu'il venait de faire, il mourut lui-même le 29 juillet de la même année.

Les leçons du malheur donnèrent à l'esprit de Marc une précoce maturité ; le trait suivant en est à une preuve incontestable.

Le duc de Bourgogne, d'une complexion délicate, était tombé sérieusement malade et son état devenait de jour en jour plus alarmant. Les courtisans, hommes prudents, ralentirent leurs visites, et se portèrent de préférence auprès du duc du Berry (1). Un jour le malade, qui se voyait dans une solitude complète, appelle son page favori : « Bombelles, lui dit-il, sais-tu pourquoi nous ne voyons personne, tandis que la foule se porte chez mon frère ! » Prince, lui dit le page ; « C'est qu'ici, c'est la chambre de la douleur et chez votre frère Berry, c'est la chambre de l'espérance. »

Cette réponse ferait honneur à un autre âge.

(1) Depuis Louis XVI.

La désertion des courtisans avait pour mobile des pressentiments qui n'étaient que trop fondés : la maladie du prince fit de rapides progrès, et bientôt, comme il était facile de le prévoir, il s'éteignit dans sa dixième année (22 mars 1761), emportant dans la tombe toute la fortune de son protégé, et ne lui laissant que d'amers et stériles regrets.

Marc de Bombelles a 17 ans. Tous les appuis sur lesquels semblait se baser son avenir venant à lui manquer à la fois, il fallut aviser.

La carrière des armes, où l'avaient si glorieusement précédé ses ancêtres, était la seule qui pût sourire au jeune marquis, et lui offrir quelque chance probable de succès, il y entra résolument. Déjà il s'était essayé à ce dur métier. Dès l'âge de treize ans, il était entré dans la compagnie des mousquetaires noirs de la garde du roi, (Janvier 1757); circonstance remarquable, le jeune de Bombelles fit ses premières armes en Picardie sous le marquis de Béthune (1), lieutenant-général de cette province. Il resta en garnison à Abbeville, et dans ses tournées de confirmation, Monseigneur de Bombelles se plaisait à raconter certaines espiègleries enfantines, dont ses camarades et lui s'étaient rendus coupables envers les chanoines de Saint-Wulfran, le

(1) C'est ce vertueux de Béthune-Charost qui, étant lieutenant-général de Picardie en 1758, fit porter son argenterie à la Monnaie pour subvenir aux besoins de l'Etat et répondit aux représentations que son intendant lui faisait à ce sujet : « Je sacrifie ma vie pour ma patrie, je peux donc bien aussi sacrifier mon argenterie. »

premier jour de l'an. Le prélat avouait qu'il ne se pardonnait pas cette légèreté.

Comme il le déclara 60 ans plus tard, dans son premier mandement, il eut, étant à Amiens, l'honneur de rendre visite à Monseigneur de la Motte, dans son palais épiscopal, ne soupçonnant certainement pas alors qu'il serait un de ses successeurs.

M. de Bombelles quitta les mousquetaires noirs, le 12 septembre 1759, pour passer dans la cavalerie de ligne. Il fit, avec distinction, les trois dernières campagnes de la guerre de Sept-Ans dans le régiment de Colonel Général-Cavalerie, et comme aide-de-camp du marquis de Béthune. La blessure qu'il reçut à la bataille de Corbach, le 10 juillet 1761, n'arrêta point son élan. Ses qualités militaires le firent distinguer des chefs de l'armée, et en particulier du duc de Broglie (1) et du duc de Castries (2) dont il reçut les témoignages les

(1) Victor-François duc de Broglie, né en 1718, devint maréchal de France et Ministre de la Guerre sous Louis XVI, en 1789. Il mourut à Munster en 1804. Charles-François, comte de Broglie, frère du précédent, né en 1719, se distingua d'abord comme diplomate, fit ensuite la guerre de Sept-Ans, sous les ordres de son frère, et dirigea la correspondance secrète de Louis XV. Il mourut en 1781.

(2) Charles-Eugène-Gabriel de la Croix duc de Castries naquit en 1727, et mourut en 1801. Il fut ministre de la marine en 1780, député à l'Assemblée des Notables en 1787, fit partie de l'expédition des princes en Champagne, en 1792, et dirigea conjointement avec le comte de Saint-Priest le cabinet de Louis XVIII à *Blankenbourg*.

plus flatteurs : on lui donna, dans le même temps, le commandement d'un détachement de volontaires qui fit partie du corps commandé par le baron de Verteuil.

Après la paix de 1753, il passa comme capitaine dans le régiment des hussards de Bercheim.

Parmi les grandes gloires militaires du siècle de Louis XIV, un des hommes qu'aima le plus M. de Bombelles, fut le duc de Vendôme (1) : il en avait fait son héros favori. Ce qui motivait cette préférence ce n'était pas seulement le génie du grand capitaine, la reconnaissance avait sa part dans cet enthousiasme, car le glorieux rival du prince Eugène avait été le protecteur et le bienfaiteur du comte son père, qu'il affectionnait particulièrement.

Loin de se laisser éblouir par ses rapides succès, M. de Bombelles regarda de nouveau l'avenir avec anxiété ; le traité de paix mettait de nouveau sa fortune en échec. Les lourdes charges qui pesaient sur lui ne lui permettaient pas de goûter les douceurs du repos, en attendant les chances plus que douteuses d'une nouvelle guerre.

Laissons-le dire, lui-même, les motifs qui l'engagèrent à quitter si prématurément la carrière des armes :

(1) Louis-Joseph duc de Vendôme, arrière-petit fils de Henri IV et de Gabrielle d'Estrées, et fils de Louis duc de Vendôme et de Laure Mancini, l'une des nièces de Mazarin, naquit à Paris le 1er juillet 1754 et mourut à Vinarod le 11 juin 1712. Catinat rendant compte de sa victoire de la Marsaille, le peignit, comme un de ces héros fabuleux qui défient la foudre.

» La paix étant faite, dit-il, la position du royaume,
» l'équité du gouvernement et l'intime alliance de
» Louis XV et de Marie-Thérèse me permirent de croire
» que, de longtemps, le militaire français n'aurait de
» nouvelles occasions de se signaler. J'avais perdu
» mon père, je restais sans fortune, chargé du soin
» d'un frère et de trois sœurs. Je saisis l'occasion que
» me présenta l'amitié du baron de Breteuil (1) de
» m'attacher à la carrière diplomatique, comme m'of-
» frant plus de moyens de m'avancer et de rendre mes
» services utiles à ma famille. »

Cédant à ces considérations, M. de Bombelles quitta
l'état militaire pour se vouer à la diplomatie.

(1) Louis-Auguste Le Tonnelier, baron de Breteuil, né à Preuilly
en Touraine, en 1753. Après avoir été ambassadeur et deux fois
ministre du roi de France, il mourut en 1807.

Ce fut un homme actif, désireux du bien, plein de fermeté, ami
et protecteur des lettres et des arts.

III.

M. de Bombelles avait eu le bonheur de faire la connaissance de l'abbé de Breteuil (1) ; celui-ci le présenta à son neveu le baron de Breteuil, qui l'accueillit avec bienveillance et résolut de lui ouvrir une nouvelle route à la fortune.

M. de Bombelles dépassa les espérances de son protecteur. Attaché d'abord à l'ambassade de Hollande, il y fit preuve d'une infatigable activité et d'une si sage discrétion, qu'il ne tarda pas à être admis dans la correspondance secrète de Louis XV, à laquelle travaillaient messieurs de Breteuil et de Vergennes (2), sous la présidence du comte de Broglie.

Ce dernier avait connu le marquis de Bombelles sur le champ de bataille. Il avait été frappé de la noblesse de son caractère et de la distinction de ses sentiments, qui ne le cédaient en rien à sa bravoure militaire.

(1) Abbé de la Charité, au diocèse de Besançon.

(2) Charles-Gravier de Vergennes, né à Dijon le 29 décembre 1719, devint ministre des Affaires étrangères de Louis XVI ; son grand moyen politique était de ne jamais donner une réponse décisive, ce qui faisait dire au comte d'Aranda, ambassadeur d'Espagne : « *Je cause avec M. de Maurepas, je négocie avec M. de Vergennes.* » Il mourut le 13 février 1787.

Le comte de Broglie, dont Rhulières a dit : « qu'il ne s'est jamais trompé dans le choix des hommes qui secondèrent ses desseins, » s'empressa de s'adjoindre, comme collaborateur dans le ministère important qu'il dirigeait, le jeune ami du baron de Breteuil.

Il faudrait être complètement étranger à l'histoire de cette époque pour ignorer que Louis XV confia au comte de Broglie, la mission délicate d'étudier la politique des Nations et de baser sur elle ses observations, ses conseils et ses plans.

Le Comte correspondait directement avec le Roi. On sait qu'il n'obtint pas toujours de ce prince autant d'appui que d'estime.

Mais nous n'avons à apprécier ici ni ses luttes avec un ministère rival, ni même ses défaites et ses disgrâces. Qu'il nous suffise de constater que M. de Bombelles en devenant le collègue du comte de Broglie et des hommes éminents qui l'entouraient, eût l'inestimable avantage d'être initié par eux aux secrets les plus intimes et aux mystères les plus profonds de la diplomatie.

Nommé Conseiller d'ambassade à La Haye, en 1765, il passa au même titre à Vienne et à Naples, et fut élevé au grade de Colonel de cavalerie, au mois de mars 1771.

Le cours rapide de ces faveurs sembla devoir être arrêté tout-à-coup. Le Roi tomba malade de la petite vérole, et mourut le 10 mai 1774 ; mais M. de Bombelles était connu et apprécié à la Cour, et l'avénement de Louis XVI fut, pour le jeune Marquis, l'occasion de nouvelles et flatteuses distinctions.

Dès le mois de janvier 1775, il reçut pour étrennes sa nomination de Ministre du Roi près de la Diète générale de l'Empire.

Evidemment, la confiance royale ne s'était pas mesurée au nombre des années ; le nouveau Ministre, en effet, n'avait que trente-et-un ans ; mais sa jeunesse était largement compensée par les qualités éminentes de l'esprit, et par cette maturité de l'expérience qu'il avait puisée dans l'étude sérieuse et approfondie de la politique des Nations.

Deux mois s'étaient à peine écoulés et le Roi le nommait, le 27 mars, Chevalier des Ordres de Notre-Dame-du-Mont-Carmel et de Saint-Lazare de Jérusalem. Il prêta serment, en cette qualité, entre les mains de Monsieur, comte de Provence (1), Grand-Maître de ces Ordres, qui lui conféra le titre de Prévôt et Grand-Maître des Cérémonies.

En 1779, le marquis de Bombelles fut pourvu d'une Commanderie, dans l'Ordre de Saint-Lazare, sous le titre de la Porte-du-Pin. En 1780, il fut créé Chevalier de Saint-Louis ; nommé Brigadier d'infanterie le 1er janvier 1784, il obtint, le 27 février suivant, le brevet qui rendit héréditaire dans sa famille une pension sur l'État des garnisons de Bourgogne, qui avait été continuée de père en fils, depuis Henri IV, aux descendants de

(1) Depuis Louis XVIII.

Jacques de Bombelles, auquel ce souverain l'avait primitivement accordée.

On n'a pas oublié que M. de Bombelles avait à sa charge trois sœurs et un frère qui avaient trouvé dans leur aîné tout le dévouement d'un père. Que de privations celui-ci dut s'imposer pour faire face aux besoins de cette famille et aux nécessités de sa position ! à combien de sacrifices il dut se condamner pour faire marcher de front le budget de l'affection et celui du décorum ! La joie que lui causa son titre de Ministre ne fut donc pas une joie égoïste ; sa devise restera la même : à lui le strict nécessaire, à sa famille le reste.

Or, un grave évènement venait de mettre en émoi cette petite famille ordinairement si paisible. Une des sœurs du Marquis, douée d'une grande beauté relevée par les qualités de l'esprit, avait à son insu, attiré les regards d'un des Princes de la Maison de Hesse.

Celui-ci lui fit demander sa main, par l'entremise de la princesse de Bouillon ; ce prince était veuf.

Sans s'arrêter à l'énorme différence d'âge, mademoiselle de Bombelles accepta, devint princesse, et s'entendit nommer madame la Landgrave de Hesse-Rothenbourg ; mais, hélas ! après quatre années de mariage, le Landgrave mourut, laissant à sa veuve par une disposition testamentaire, le titre de Princesse de Hesse, et chargeant le prince, son fils, issu d'une première union, de veiller à l'exécution de ses dernières volontés.

Tous les princes de la Maison de Hesse et le fils du

défunt lui-même, s'opposèrent à ce qu'une simple comtesse étrangère se parât de leur nom. Ils mirent donc opposition au testament et, malgré les efforts réitérés du marquis de Bombelles, malgré les larmes inutiles de sa sœur, la force étouffa la justice et le droit fut méconnu.

Les lettres échangées de part et d'autre ont été recueillies et imprimées sous ce titre :

« *Lettres touchant l'exécution du codicille de feu Monseigneur le Landgrave de Hesse-Rothenbourg, 1779.* »

La dernière des lettres de M. de Bombelles, adressée au fils du prince défunt, est pleine de dignité. Il la termine par ces paroles sous lesquelles on croit sentir les frémissements d'une indignation mal contenue :
» Quant à moi, Monseigneur, je ne vous importunerai
» plus de mes lettres ; je craindrais que la sensibilité
» d'un frère guidé par l'honneur d'un gentilhomme,
» pût donner à mes expressions un air d'humeur que
» je ne dois ni ne veux me permettre. »

Cette lettre est écrite de Ratisbonne, en date du 22 février 1779.

IV.

Le marquis de Bombelles était ministre depuis trois
ans, quand, au mois de janvier 1778, il épousa mademoiselle Angélique-Charlotte de Mackau, fille de feu
le baron de Mackau, ancien ministre du roi à Ratisbonne et de la sous-gouvernante des Enfants de France.

Elle était, de l'avis de tous, une des personnes les plus
aimables et les plus accomplies qu'il y eût à la Cour (1).

Un seul fait suffit à son éloge : elle fut l'amie de
Mme Elisabeth, dont elle avait, dès sa plus tendre
enfance, partagé les travaux et les jeux.

Laissons-la nous raconter elle-même, avec une grâce
charmante, sa première entrevue avec sa royale
amie (2) : « Lorsque je fus présentée à Mme Elisabeth,
» dit-elle, la princesse me considéra avec l'intérêt
» qu'inspire à une enfant la vue d'une autre enfant de
» son âge. La princesse avait sept ans, je n'avais que
» deux ans plus qu'elle, et j'étais aussi portée qu'elle
» à m'amuser. Les jeux furent bientôt établis entre
» nous et la connaissance bientôt faite. Mme Elisabeth

(1) Mémoires, souvenirs, œuvres et portrait par Alissan de Chazet.
Paris, Postel, 1837.
(2) Vie de Mme Élisabeth.

» demandait sans cesse à me voir : j'étais la récom-
» pense de son application ou de sa docilité. »

Les années ne firent que resserrer les liens de cette douce et constante amitié que s'étaient vouée ces deux âmes si dignes l'une de l'autre. Devenue marquise de Bombelles, mademoiselle de Mackau n'en fut pas moins aimée de la princesse, qui le lui prouva, en la faisant nommer, un mois après son mariage, dame d'honneur pour l'accompagner.

J'emprunte à un ouvrage d'Alissan de Chazet, le trait suivant, témoignage touchant de l'exquise bonté de cœur de Mme Elisabeth, et de sa profonde affection pour son amie.

La marquise de Bombelles s'étant rendue avec cette princesse à Choisy, en 1779, pour son inoculation, se trouvait la plus jeune des personnes de son service; plusieurs autres dames, qui souffraient de la voir sans cesse l'objet d'une préférence marquée, hasardèrent contre elle, en présence de Mme Elisabeth, quelques plaisanteries qui semblèrent réussir ; on espéra que la princesse finirait par s'amuser plus de ce ton railleur et caustique que de la douceur angélique et de la bonté parfaite de Mme de Bombelles.

Celle-ci désolée de se voir sacrifiée, mais trop res- pectueuse pour se plaindre, ne put que s'affliger en silence. Le lendemain, Mme Elisabeth se levant plus tôt que de coutume, fit dire à l'amie de son enfance de la suivre au jardin ; là, cette princesse ne pouvant plus maîtriser son émotion, lui dit en pleurant : « Mon ange,

» je t'ai abandonnée un moment, hier ; on en a cruelle-
» ment abusé ; je ne me le pardonnerais jamais de ma
» vie, si tu ne me le pardonnais pas toi-même.
» J'ai vu qu'on voulait nous brouiller ; on n'y parvien-
» dra jamais, et d'aujourd'hui jusqu'à la fin de mes
» jours, je serai si tendrement ton amie, qu'on ne
» pourra plus se flatter de troubler cette union. »

En octobre 1780, Mme de Bombelles, qui se trouvait
à Ratisbonne, avec son mari, ministre du roi, nous
l'avons dit, près de la diète de l'Empire, reçut de
Mme Elisabeth la lettre suivante :

« Il y a aujourd'hui un an que nous eûmes une con-
» versation dans le jardin de Choisy, je veux te renou-
» veler, mon ange, toutes les promesses que je te fis
» alors. Oui, je t'assure que rien ne pourra diminuer
» l'amitié que j'ai pour toi, ni les cabales, ni les mé-
» chancetés, enfin tout ce qu'on pourrait me dire. »

Trois mois après (le 1er janvier 1781) la princesse en
lui envoyant son portrait lui écrivait (1) :

« Je te souhaite la bonne année ; reçois, ma petite
» mère, avec amitié, cette figure. Comme le portrait
» que tu as de moi est fort peu ressemblant, j'ai ima-
» giné que tu ne serais pas très en colère en voyant
» celui-ci. Qu'il est malheureux ce portrait ! il ne
» sent pas son bonheur, il ne sait pas qu'il va voir la
» personne la plus adorable qui soit sous le Ciel ! Que

----

(1) J'ai vu ce portrait : il figurait à la place d'honneur dans le
grand salon du château de Framerville. Il est aujourd'hui en
Allemagne.

» je voudrais être à sa place ! Plus le temps où je dois
» te voir avance, plus je crois qu'il n'arrivera jamais ;
» je meurs d'impatience. Je voudrais recevoir la der-
» nière lettre où tu manderas que tu pars, alors je
» deviendrai folle de joie, je sauterai, je pleurerai de
» contentement. »

Voilà la femme que la Providence, dans sa libéra-
lité, avait indiquée au choix de M. de Bombelles.

Voilà l'être accompli auquel l'ange des anges
voulait donner son nom.

Puisque nous avons parlé d'Alissan de Chazet, on ne
lira pas sans intérêt le trait suivant qu'il raconte dans
le tome troisième de l'ouvrage déjà cité.

« 1792. — 2 et 3 septembre — Tout le monde a lu
» les épouvantables récits de ces journées sanglantes,
» où une populace en délire avait créé un tribunal de
» sang et s'était instituée à la fois juge souverain et
» exécuteur des hautes œuvres.

» Quelques traits admirables sont venus consoler,
» au milieu de ces saturnales du crime, l'humanité in-
» dignement outragée. Celui que je vais rapporter n'est
» pas connu et mérite de l'être.

» Madame de Mackau, sous-gouvernante des enfants
» de France, avait été conduite en prison le lendemain
» du 10 août. Un receveur général des finances qui
» lui appartenait par une étroite alliance, avait fait
» des efforts inutiles pour découvrir le lieu où elle était
» enfermée. Bientôt il apprend que l'on égorge les pri-
» sonniers. Un secret pressentiment, que l'on peut

» appeler l'instinct du cœur, lui fait penser que Mme de
» Mackau est à l'Abbaye ; il y vole, donne au geôlier
» quatre mille francs et obtient la permission de passer
» sa tète par les barreaux d'une grille, à travers la-
» quelle on voyait les prisonniers réservés au massacre.
» Il aperçoit, dans le fond, celle qu'il voulait ar-
» racher à la mort ; il rentre chez lui en toute hâte, se
» fait apporter des habits de ramoneur, et retourne à
» l'Abbaye. Soutenu par son idée fixe, ce noble prolé-
» taire a l'inconcevable courage de rester neuf heures
» de suite les pieds dans le sang. Mêlé aux égorgeurs
» et aux oisifs (car il y en avait qui se délectaient à
» contempler ces abominations), s'endurcissant contre
» tout ce qui déchirait son cœur, se gardant bien de
» s'abandonner à un mouvement de sensibilité qui, en
» le trahissant, l'aurait empêché d'exécuter son plan.
» Cet ami courageux entendait les malheureux pri-
» sonniers s'entretenir sur la manière de souffrir le
» moins possible ; ils convenaient entre eux d'abréger
» leur supplice en livrant leur tête, sans la couvrir
» de leurs mains. Il voit périr successivement la jeune
» et belle princesse de Lamballe, M. de Thierry de
» Ville d'Avray et une foule d'autres victimes ; enfin, le
» moment arrive où le généreux ramoneur est obligé
» de rassembler toutes ses forces et sa présence d'es-
» prit. Il voit Mme de Mackau s'approcher des juges-
» bourreaux : alors il fend la foule, il dit qu'il la
» connait que c'est une bonne patriote, qu'elle aime le
» peuple, qu'elle est charitable ; enfin, il baragouine

» des malheureux qu'il soulageait de charités im-
» menses, pendant qu'il secourait les autres par ses
» conseils, sa généreuse protection, ou sa très-res-
» pectable médiation, en leurs affaires les plus épi-
» neuses. Ainsi, ce que dessus pris en considération,
» les Officiers-municipaux et habitants de la ville ont
» unanimement agréé le plan ci-joint du monument à
» ériger à la mémoire de M. le comte de Bombelles, à
» l'honneur et à l'émulation de sa postérité, avec
» l'inscription. (Nous avons reproduit cette Inscrip-
» tion page 15.)

» Arrêtent que l'exécution en sera confiée au
» sieur Martin, sculpteur à Paris ; qu'en consé-
» quence le plan, la soumission du dit sieur Martin,
» et copie des présentes, seront incessamment adressés
» à Monseigneur l'Intendant, avec la très-humble
» prière d'en permettre et d'en autoriser l'accomplis-
» sement. »

» Fait et arrêté en l'Hôtel-de-Ville, l'an, jour ci-
» dessus. »

Suivent de nombreuses signatures.

Le 27 juin 1785, M. de Bombelles fut nommé
Ambassadeur en Portugal. Il y déploya un esprit de
conciliation qui aplanit de graves difficultés : et reçut
les lettres les plus flatteuses du maréchal de Castries
et de M. de Latouche ; ce dernier s'exprimait dans les
termes suivants :

« On ne peut représenter la Nation plus honora-
» blement que vous le faites et nous vous aurons des
» obligations de voir le nom français prendre autant de
» considération en Portugal qu'il y en avait peu avant
» votre Ambassade ; vous parviendrez à effacer en-
» tièrement du cœur des Portugais les sentiments de
» défiance qu'ils nourrissaient contre nous, avant de
» vous connaître, etc. »

Pendant son séjour à Lisbonne, M. de Bombelles fut maréchal-de-camp, le 9 mars 1788.

A la suite d'une maladie qui mit ses jours en danger, il revint à Versailles, et, au mois de mars 1789, il partit pour Venise avec le titre d'Ambassadeur extraordinaire.

Deux des amis de M. de Bombelles venaient de disparaître de la scène politique ; l'un, le comte de Vergennes, ministre des affaires étrangères, enlevé par la mort ; l'autre M. de Calonne (1), ministre des finances, emporté par une audacieuse témérité plus peut-être que par le caprice des événements.

(1) Charles-Alexandre de Calonne naquit à Douai en 1734, il débuta au Barreau. Son avancement fut rapide ; sa conduite parut équivoque dans l'affaire du duc d'Aiguillon et de La Chalotais ; elle trouva néanmoins quelques défenseurs. Il passa dans les finances et en fut nommé, en 1783, Contrôleur-général. Ses promesses de ramener l'abondance dans les coffres de l'Etat ne s'étant point réalisées, une vive opposition se forma contre lui. — C'est à lui qu'on doit la convocation de l'Assemblée des Notables en 1787. — Obligé de prendre la fuite, il se fit l'âme des conseils du comte d'Artois.— Rentré en France, en 1802, il y mourut un mois après son arrivée.

M. de Bombelles n'était pas de ceux qui conservaient une foi aveugle dans l'avenir. Cette assemblée des Notables qui, dans la pensée du roi, devait rétablir l'ordre et ramener le calme, n'avait abouti qu'au renvoi du ministre qui en avait conçu et inspiré l'idée; les Etats-Généraux amèneraient-ils un dernier résultat ? M. de Bombelles ne l'espérait pas. Le temps ne fit que confirmer ses tristes prévisions : trois mois, en effet, s'étaient à peine écoulés depuis sa nomination à l'ambassade de Venise, que dans l'assemblée du 23 juin, l'autorité royale recevait un coup terrible dont elle ne devait pas se relever.

Du fond de son palais, l'ambassadeur de Venise suivait avec anxiété toutes ces luttes parlementaires qui, chaque jour, prenaient un caractère plus alarmant. Pour lui, la tempête allait éclater. C'est au milieu de ces sombres préoccupations qu'il reçut sa nomination à l'ambassade de Constantinople, au mois de juillet 1789.

La gravité des circonstances ne lui permettant pas d'accepter ce nouveau mandat, il revint à Versailles supplier le roi de regarder sa nomination comme non avenue.

Le monarque se rendit à ses désirs. En conséquence, M. de Bombelles repartit le 4 août pour Venise où il remit ses lettres de créance au Sénat le 1er octobre suivant.

VI.

Quand au mois de décembre, l'Assemblée exigea de tout fonctionnaire le serment civique, la conscience de M. de Bombelles s'alarma ; son inviolable attachement au trône lui parut incompatible avec un serment qu'il regardait comme illégal. Il n'ignorait pas que tous ses intérêts les plus chers étaient compromis, que son refus le priverait infailliblement d'un revenu de 100,000 livres attaché à ses hautes fonctions, que c'était là toute sa fortune et celle de sa famille. Que fera-t-il ?

Mme de Mackau qui connaissait l'inflexibilité des principes de son gendre, s'empressa de solliciter du roi pour celui-ci, l'ordre formel de prêter le serment demandé.

M. de Bombelles, inébranlable dans sa résolution envoya au roi sa démission d'Ambassadeur. Voici sa lettre :

Venise, le 29 décembre 1790.

Sire,

» Prêt à me voir placé entre la nécessité de paraître
» désobéir ou de signer un engagement contraire à
» mes serments, j'adresse au Ministre de Votre Majesté
» la démission de l'ambassade dont elle avait daigné
» m'honorer.

» J'ai tout reçu du Roi ; tous les avantages dont j'ai
» joui, je les tenais de sa bienfaisance : le souvenir, le
» profond sentiment de tant de bontés dictent ma
» conduite.

» Sire, on m'accusera peut-être d'exagération, mais
» je n'en trouverai jamais, dans tout ce qui sera, un
» plus sûr témoignage de mon attachement à de vrais
» principes.

» Lorsque la nation sera entièrement détrompée,
» lorsque (ainsi que Votre Majesté l'a dit d'une manière
» si touchante) le cœur de mon maître sera content,
» j'oserai lui rappeler son serviteur fidèle ; d'ici à ce
» temps, j'élèverai dans l'amour pour le Roi, des enfants
» nés d'une union heureuse, et que Votre Majesté s'é-
» tait plue à former : déjà ceux de ces enfants qui
» peuvent parler, demandent au Ciel le retour des pros-
» pérités qui doivent être le prix des vertus de Louis XVI ;
» leurs vœux seront exaucés et bientôt le Français se
» rappellera que sans le bonheur de son Souverain, il
» n'est pas de vrai bonheur pour lui.

» Je suis avec respect

» De Votre Majesté

» Le très-humble, très-obéissant et très-fidèle sujet.

» Signé : Bombelles. »

Le 13 mars 1791, M. de Montmorin donnait connaissance à l'Assemblée nationale de la réponse des
ministres et des ambassadeurs auxquels, par ordre du
roi, il avait demandé le serment ; il dit :

« J'ai fait successivement passer à l'Assemblée le
« serment de tous ceux qui me l'ont envoyé. M. de
« Bombelles, ambassadeur à Venise, m'a envoyé sa
« démission avant que j'eusse pu recevoir sa réponse
« à l'ordre que je lui avais fait parvenir de m'adresser
« son serment. Il veut immédiatement des lettres de
« rappel. »

A quelque opinion qu'on appartienne, à quelque
point de vue qu'on se place, il est impossible de refuser
son admiration à l'homme d'honneur, resté fidèle au
serment donné, et qui, pour ne point le trahir, compte
pour rien une position brillante et pousse l'héroïsme
de l'abnégation jusqu'à ne se conserver ni pour lui, ni
pour ses enfants, son morceau de pain du lendemain.

La facilité avec laquelle certains hommes de nos
jours savent, au moment donné, et selon les circonstances, dégager leur parole et s'affranchir de leurs
serments, fait mieux ressortir toute la noblesse et le
courage de l'homme qui ne recule devant aucun
sacrifice.

Le roi ne voulut pas se hâter d'accepter la démission
de son Ambassadeur et de lui envoyer ses lettres de
rappel ; il semblait, par ses lenteurs, donner à M. de
Bombelles le loisir de la réflexion.

Cependant les premiers orages révolutionnaires
avaient jeté à la frontière une partie de la noblesse
française qui cherchait à l'étranger une terre plus
hospitalière.

Le comte d'Artois, d'abord retiré à Bruxelles, se

» Comme votre éducation n'est pas encore achevée
» et qu'elle exigera encore quelques frais, j'oserai
» vous faire toucher, à vous, quatre frères, 12000 fr,
» par an, à l'endroit où vous résiderez, et jusqu'au
» moment où vos respectables parents seront de
» nouveau rentrés dans toutes les charges et emplois
» dont ils sont si dignes. Ceci est bien éloigné de ce
» que j'aurais désiré pouvoir faire ; mais ne voulant
» pas importuner le Roi, mon époux, et mes facultés
» étant limitées, j'ai dû me restreindre.

» Recevez cela avec le sentiment qui me porte à
» vous l'offrir ; c'est celui de la plus sincère amitié,
» estime et attachement qu'a pour vos respectables
» parents et du véritable intérêt qu'a pour vous votre
» véritable amie.

Signée : CHARLOTTE.

» Quand M. de Bombelles dit à la Reine, en la remerciant, « qu'il n'avait point mérité tant de bontés
» puisqu'il n'avait pas servi sa couronne. »

» Elle répondit « Monsieur, vous avez servi la cause
» de tous les Rois. »

Une demi-heure après, M. et Mme de Bombelles
ayant retrouvé la Reine à la salle de concert, un
autre bonheur les y attendait, celui de voir tous les
Vénitiens aborder Sa Majesté pour la remercier avec
la même effusion que si cette faveur eût été accordée à chacun d'eux.

» Tous les calculs politiques les plus raffinés

n'avaient pas mieux réussi que cette confiance absolue dans la Providence. »

Si le roi de France vit à regret un de ses plus fidèles serviteurs s'éloigner pour garder la religion du serment, il fut loin de lui retirer sa confiance : il la lui conserva tout entière, et nous en trouvons une preuve convaincante dans la mission délicate dont il l'investit l'année suivante.

Rappelons succinctement les faits. Le Roi, captif à Paris, pour échapper aux dangers certains qui le menacaient, résolut de chercher son salut dans la fuite ; son intention était de se retirer dans la place de Montmédy où il possédait encore des amis courageux, et d'où il espérait pouvoir rétablir, avec plus de sûreté pour lui et les siens, des rapports avec l'Assemblée nationale. Le général de Bouillé devait protéger l'évasion.

Dans la nuit du 20 au 21 juin 1791, tous les membres de la famille royale, déguisés avec soin et munis de passeports, sous des noms supposés, sortirent des Tuileries sans être aperçus. Deux voitures bourgeoises reçurent les illustres fugitifs qui franchirent sans obstacle, la distance de Paris à sainte-Menehould. On sait la fin tragique de ce malheureux voyage.

Le roi n'avait confié son projet qu'à un très-petit nombre d'amis et de serviteurs dévoués ; de ce nombre était M. de Bombelles. Si le monarque arrêté à Varennes avait pu atteindre Montmédy, M. de Bombelles obtenait des cantons un certain nombre de ses troupes fidèles et ses effets auraient eu un plein succès ; mais on sait que ce malheureux voyage n'aboutit qu'à rendre la captivité de Louis XVI plus étroite et plus rigoureuse.

Voici un passage d'une lettre de Mme Elisabeth à son amie d'enfance, à sa confidente intime Mme de Bombelles. Mme Elisabeth y apprécie le discours que le Roi prononça à l'Assemblée nationale, au mois de février 1790, discours dans lequel le Roi fait les plus larges concessions à l'esprit révolutionnaire.

» Depuis que mon frère a fait cette démarche
» qui le met, dit-on, à la tête de la révolution, et qui,
» selon moi, lui ôte le peu de couronne qu'il avait
» encore, l'Assemblée n'a pas imaginé de faire quel-
» que chose pour lui ; les folies se suivent et le bien
» n'en résultera certes pas : si nous avions profité du
» moment, nous aurions fait beaucoup de bien, mais
» il fallait avoir de la fermeté, il fallait affronter les
» dangers : nous en serions sortis vainqueurs ; plus
» on retardera, plus il y aura de sang répandu : voilà
» mon opinion ; si j'étais roi, elle serait mon guide. »

La confiance de Louis XVI ne fut pas le seul hommage rendu à la loyauté de M. de Bombelles : le comte d'Artois fonda souvent sur son crédit le succès de ses entreprises, et la reine de Naples au service de laquelle M. de Bombelles avait mis son épée, le fit son correspondant politique. C'est à partir de 1794 qu'il paya sa dette de reconnaissance à cette princesse en faisant parvenir à la Cour de Sicile tout ce qui, dans les circonstances, pouvait piquer sa curiosité ou servir ses intérêts. A cet effet il demeura principalement à Ratisbonne qu'il ne quitta qu'en 1797, lors de l'envahissement de la Bavière par les armées françaises. Mais nous avons besoin de reprendre les choses d'un peu plus haut.

VII.

On sait que le comte d'Artois ne cessa, dans l'exil, de solliciter l'appui des Cours étrangères pour raffermir le trône ébranlé de son frère.

L'ex-ambassadeur de Venise prit une part active dans ces délicates négociations, et telle fut, nous le répétons, la confiance du comte d'Artois dans le marquis de Bombelles qu'elle suscita à celui-ci des envieux qui ne cessèrent de l'accuser d'avoir trahi son mandat en livrant les secrets du prince à M. de Berteuil. On ne verra pas sans intérêt, avec quel zèle et en quels termes flatteurs, l'ambassadeur d'Espagne, M. Florida-Blanca se chargea de venger l'ex-ambassadeur, son ami, injustement accusé.

La première lettre de cette curieuse correspondance, a été écrite par M. le comte d'Artois à l'ambassadeur d'Espagne le comte Florida-Blanca.

M. le comte d'Artois était alors à Venise chez M. de Bombelles à l'hôtel de l'ambassade. Elle porte la date du 18 janvier 1731, et est signée : Charles-Philippe. (P. J. n° 1. (1)

Le frère de Louis XVI se plaint à l'ambassadeur

(1) P. J. signes abréviatifs des pièces justificatives.)

d'Espagne du silence qu'il a gardé avec lui ; il ne lui en assure pas moins sa parfaite estime.

La seconde lecture est aussi du comte d'Artois, elle est adressée au roi d'Espagne. Il s'y plaint du silence de sa Majesté ; son cœur en est affligé. Il demande à correspondre désormais par l'intermédiaire de M. de Las-Casas qu'il a vu et à qui il a fait part de tous ses projets. Cette lettre est écrite également de Venise et porte la même date que la précédente (18 janvier 1791) (P. J. n° 2.)

Le comte Florida-Blanca répondit à M. le comte d'Artois, le 3 février 1791. Il motive son silence par les indiscrétions dont les personnes qui entourent le comte d'Artois ont payé sa confiance. (P. J. n° 3.)

Le roi d'Espagne répondit au comte d'Artois le 8 février 1791. Il lui conseille d'attendre quelques mois, et lui dit en finissant sa lettre :

» Je crois vous conseiller, en attendant que je
» vous avertisse, de ne point presser, et de ne pas
» vous risquer ; car tous vos projets, vrais ou faux,
» sont divulgués, et faute de secret, tout est gâté. Je
» vous prie au reste d'être toujours assuré de l'a-
« mitié tendre et constante avec laquelle je suis... »
(P. J. n° 4.)

Le comte d'Artois, toujours à Venise, écrivit au roi d'Espagne une nouvelle lettre.

En la lisant on est frappé de la défiance qu'inspirait l'impétuosité du comte d'Artois et des efforts que fait ce prince pour ressaisir la confiance de ce souverain.

Une chose qu'on pourrait trouver surprenante c'est la foi aveugle que le comte d'Artois a dans ses propres desseins et dans le dévouement des provinces. (P. J. n° 3.)

Dès son arrivée à Venise, M. le comte d'Artois avait fait demander par M. de Calonne à l'empereur d'Autriche une entrevue qui lui fut refusée. Il s'en plaint respectueusement et dit à l'Empereur dans la lettre qu'il lui écrit à ce sujet, tout ce que ce refus a de pénible et de douloureux pour lui. Il sait qu'on l'accuse de légèreté dans ses démarches ; il envoie à Sa Majesté une lettre du roi de Sardaigne destinée à le justifier. Il termine par un récit émouvant du sort du clergé français. (P. J. n° 6.)

M. de Calonne, ayant échoué auprès de l'empereur d'Autriche, pria, de la part du comte d'Artois, le marquis de Bombelles d'entamer avec ce monarque de nouvelles négociations. J'évite de reproduire ces documents diplomatiques toujours intéressants pour le fonds, mais souvent d'une prolixité minutieuse dans la forme. Dans la circonstance qui nous occupe, l'entreprise était hasardeuse pour M. de Bombelles ; le succès en était pour le moins équivoque. Personne ne le comprend mieux que lui : son attachement au prince et son désir constant de servir ses intérêts ne lui permettent pas d'hésiter un seul instant. Il se rend donc à la hâte à la cour d'Autriche, et reprend, avec la confiance que donne le dévouement au devoir, les négociations abandonnées. Malgré la difficulté de l'entreprise, M. de

Bombelles eut le bonheur de la conduire à bonne fin,
ce qui lui valut du comte d'Artois des lettres de félicitation. M. de Calonne lui-même, peu soucieux de sa
défaite, s'empressa d'écrire à l'heureux négociateur.
Voici sa lettre :

Lettre de M. de Calonne à M. de Bombelles.

Parme, le 3 avril 1791.

» Vous verrez, Monsieur, par la lettre de M. le
» comte d'Artois, combien il est charmé et recon-
» naissant de l'entrevue accordée à sa demande. Pour
» moi, je ne puis assez vous dire à quel point je suis
» flatté de la commission qui doit me procurer l'hon-
» neur d'être connu d'un souverain dont je révère les
» éminentes qualités encore plus que le rang suprême.
» Je vous prie d'assurer Sa Majesté Impériale de
» l'extrême attention que j'apporterai pour couvrir
» d'un voile impénétrable mon séjour à Florence
» et les audiences qu'elle daignera m'accorder. J'y
» arriverai seul et sous un nom inconnu. Je me
» logerai dans une petite auberge borgne et j'atten-
» drai, après avoir envoyé votre lettre et mon
» adresse, les ordres qu'on voudra bien me faire pas-
» ser. Ma mission remplie, je reviendrai sans avoir
» vu personne.

» L'impossibilité d'avoir des chevaux sur la route,
» du samedi au jeudi, à cause du passage de leurs
» Majestés, etc..., fait que je ne pourrai partir de

» Parme que vendredi prochain. J'espère arriver à
» Florence samedi soir.

» Il y a si longtemps que j'ai conçu le désir de voir
» Léopold et l'ambition de mériter son estime, que je
» ne puis regarder la faveur dont il m'honore, que
» comme un très-grand bonheur, et je ne puis trop
» vous remercier d'avoir contribué à me procurer ce
» moment qui me paraît être un des plus beaux de
» ma vie. J'espère aussi qu'il pourra avoir des suites
» importantes pour la grande affaire à laquelle je me
» suis dévoué, par le seul désir d'être encore utile à
» ma patrie et de montrer mon attachement au Prince
» qui, comme vous le savez, mérite de plus en plus,
» à mesure qu'on le connaît davantage, les sen-
» timents dont tous les bons citoyens sont pénétrés
» pour lui.

» J'ai l'honneur d'être avec un très-sincère et in-
» violable attachement,

Monsieur,

Votre très-humble et très-obéissant serviteur,

DE CALONNE.

P. S. Nous apprenons à l'instant que l'Empereur a retardé sa marche et, toujours par la difficulté des chevaux, je prévois que Sa Majesté Impériale n'arrivera que samedi à Florence. Je n'y pourrai arriver que dimanche soir ou lundi matin.

Dans une lettre de M. de Las-Casas à M. de Bombelles, le ministre d'Espagne trace nettement le portrait de M. le comte d'Artois et celui de M. de Calonne; on pourra juger, en la lisant, de l'opinion que les Cours étrangères avaient de ces deux hommes. Je ne donne ici que les deux portraits, et je renvoie toute la lettre aux pièces justificatives. (P. J. n° 7.)

» Ce prince (1) a plus d'ardeur que de réflexion ;
» c'est un défaut louable en lui à quelques égards.
» Son âge, le sang des Bourbons qui circule
» dans ses veines, et l'intensité de son ressenti-
» ment doivent le rendre tel. Il serait naturel de
» penser que ses conseils modéreraient cette ardeur
» par leur prudence ; mais non, ses entours se
» laissent emporter par le feu de l'imagination bien
» plus encore que le prince ; au lieu de calmer, ils
» excitent.

» M. de Calonne qui est très-intéressant et très-
» utile par son talent et son zèle, devient peut-être
» quelquefois dangereux par l'enthousiasme qui dirige
» son éloquence.... »

La difficulté de servir en même temps la politique du roi et de son frère exigeait de M. de Bombelles une prudence de tous les instants.

D'après les conseils de M. de Las Casas, M. de Bombelles, ayant écrit lui-même à M. le comte d'Artois,

(1) Le comte d'Artois.

pour protester contre la calomnie, en reçut une lettre
dont voici un extrait :

Lettre du comte d'Artois à M. de Bombelles.

Ce 8 mai 1792, Carlseut.

» Je réponds bien tard, Monsieur, à la lettre que
» vous m'avez fait l'amitié de m'écrire de Venise,
» mais j'ose croire que vous n'avez douté ni de mon
» cœur ni de ma sensibilité ; nous sommes d'une reli-
» gion qui ne permet pas de douter les uns des autres.
» Nous nous sommes vus de près dans de tristes cir-
» constances, et je n'ai point oublié que je vous ai
» juré alors une amitié fidèle, et je ne trahis jamais
» mes serments. Si j'avais pu vous aimer davantage,
» je l'aurais fait ; depuis, votre conduite noble, loyale,
» courageuse et même généreuse m'a attaché à vous
» à jamais : croyez que la mienne a été conforme à
» tout ce que vous avez vu ; je n'ai point changé, je
» ne changerai *jamais, jamais*. Malheureusement, j'ai
» été écouté, j'ai cru et dû croire être crû, mais
» je n'ai pu réussir à déterminer ; pendant six se-
» maines, j'ai tout espéré ; mais Montaigne dit quelque
» part : Il n'y a pire conseiller que celui qui conseille
» au chevet du lit.

(Suivent de longs détails étrangers à notre sujet.)

. . . .

Le Prince termine ainsi sa lettre :

» Adieu, Monsieur, recevez le serment que je vous
» fais sur l'honneur, de vous aimer autant que je vous
» estime, et que si jamais il m'est donné de servir
» encore la vertu, je suis à vous sans réserve.

» Je vous embrasse de tout mon cœur. »

Cette lettre vint terminer, d'une manière bien flatteuse pour M. de Bombelles, ce regrettable incident.

Le passage suivant extrait de l'art de vérifier les dates
résume assez bien la situation :

» Monsieur, frère du Roi, et M. le comte d'Artois
ne cessaient de solliciter vivement le secours des puissances étrangères, pour venir délivrer le malheureux
Louis XVI de l'ignominieuse captivité que lui faisaient
subir les révolutionnaires français et raffermir les
bases de son autorité. La plupart des souverains de
l'Europe avaient montré, dès les commencements de la
révolution de France, un vif désir de l'arrêter, et il n'y
avait nulle promesse qu'ils n'eussent faite aux princes
et aux émigrés français pour les ramener dans leur
patrie.

» Cependant la révolution, en France, continuait en-
traînant et ravageant tout, et ils n'entreprenaient rien
pour essayer d'y mettre un frein. Ils ne s'entendaient
pas entre eux : depuis deux ans, ces incertitudes, ces
hésitations duraient. Enfin, l'empereur d'Allemagne,

Léopold, et le roi de Prusse, Frédéric-Guillaume, bien décidés à venir au secours de l'infortuné roi de France, se donnent rendez-vous à Pilnitz, y viennent, et là, le 27 août 1791, signent un acte par lequel ils déclarent qu'ils regardent la situation actuelle du roi de France comme un objet digne de l'intérêt commun de tous les Souverains de l'Europe ; qu'ils emploieront tous les moyens qui sont à leur disposition pour mettre le roi de France en état de recouvrer son autorité, et qu'ils espèrent que les autres puissances imiteront leur conduite. Ils prennent, en conséquence, la résolution de commencer, le plus promptement possible, l'exécution du plan qu'ils ont concerté ensemble.

M. le comte d'Artois et l'Électeur de Saxe assistaient à cette entrevue. » (1).

» Malheureusement, pendant que les Cours étrangères cherchaient à s'unir, les princes, la Cour elle-même étaient divisés : les conseillers du roi n'étaient pas ceux de la reine, et les hommes les plus puissants des deux partis, au lieu d'user de leur influence pour le salut du royaume et celui du monarque infortuné devenu le point de mire de toutes les factions, n'en usaient, n'en abusaient souvent que pour faire triompher leurs haines et supplanter leurs rivaux ; témoin la division des deux chefs du parti de l'ordre, M. de Calonne et M. de Breteuil.

Un des ennemis les plus acharnés du baron de Bre-

______

(1) L'Art de vérifier les dates, supplément par le C. H. de Courcelles. Tome 1er, Paris, 1821.

teuil fut M. Bertrand de Molleville, ex-ministre de la marine et auteur d'une histoire de la révolution. Il a donné, en 1797, alors qu'il habitait l'Angleterre, un résumé de cet ouvrage ayant pour titre : *Mémoires particuliers, pour servir à l'histoire de la fin du règne de Louis XVI.* Le baron de Breteuil y est accusé d'avoir traité, au nom du Roi, avec les cours étrangères, en vertu d'un mandat révoqué, mais non retiré de ses mains. Le nom de M. de Bombelles est souvent mêlé à celui de son ancien protecteur.

Sans se sentir directement attaqué, l'ancien ambassadeur de Venise protesta énergiquement. Toute la correspondance entre M. de Bombelles et M. de Molleville était soigneusement conservée au château de Framerville dans une enveloppe où M. le comte de Castéja avait écrit de sa main : *Lettres de M. de Bombelles et de M. Bertrand de Molleville.*

Cette précieuse correspondance n'a point été retrouvée. Qu'est-elle devenue ? Hélas ! comme tant d'autres elle est devenue la proie des flammes, sans doute ; car des ordres sévères avaient été donnés pour que tous les manuscrits du château fussent brûlés. Sacrifice regrettable et qu'il m'appartient moins qu'à personne d'apprécier. Que l'enveloppe restée entre mes mains soit la seule accusatrice !

J'ai trouvé dans l'histoire de la Révolution par B. de Molleville, tome VI page 301, quelques lignes empruntées sans doute à cette correspondance ; elles sont du marquis de Bombelles.

» J'arrivai à Pétersbourg, dit-il, le 25 janvier 1792.
» Le 6 février, Sa Majesté Impériale m'accorda une
» première audience dans le palais de l'Hermitage...
» Ce fut là que j'eus l'honneur de parler, à plusieurs
» reprises, à Catherine II, des objets sur lesquels ses
» ministres furent constamment autorisés à traiter
» avec moi.

Dans une seconde lettre du 12 novembre 1799,
il ajoute : » Vous n'apprendrez rien au public
» si quelque jour vous lui dites : Que j'ai été en
» Russie autrement que comme simple porteur des
» lettres de la reine. Le roi, voulant que cette lettre
» attestât les vrais sentiments de son auguste com-
» pagne, pensa aussi que ma fidélité et mon expérience
» pouvaient me rendre propre à ménager les intérêts
» de sa couronne. Oui, j'avais ordre de les présenter
» avec autant de vérité que de suite à une princesse
» qui m'honore d'une estime d'autant plus flatteuse
» que rien ne fut négligé pour m'empêcher de l'ob-
» tenir. »

D'après ce qu'on vient de lire, il est évident que
M. de Bombelles n'agissait pas comme mandataire du
baron de Breteuil, mais bien comme interprète des
ordres directs du roi.

VIII.

Ainsi, comme son frère le comte d'Artois, Louis XVI
se plût à donner à M. de Bombelles des marques nombreuses d'estime et de confiance. Il est constant qu'il
le chargea de traiter secrètement des intérêts de sa
personne royale et de ceux de sa couronne, tant avec
l'empereur d'Autriche qu'avec l'impératrice de Russie,
le régent de Suède et la cour de Danemark en 1791
et 1792.

En revenant de ces trois cours du Nord, M. de
Bombelles apprit à Dorsten en Westphalie, l'empri-
sonnement au Temple de la famille royale. Il se rendit alors à Bruxelles, puis, avec des instructions qui lui
furent communiquées par le baron de Breteuil, il alla
auprès du roi de Prusse.

Ce prince le traita sur le pied d'ambassadeur du
roi de France, et lui permit de l'accompagner dans
l'expédition qu'il allait faire pour la délivrance de
Louis XVI, faveur qu'il avait refusée à plusieurs
agents diplomatiques.

Aussitôt que le roi de Prusse eût connaissance des
attentats du 10 août 1792, il se mit en marche pour
entrer en France à la tête de soixante mille hommes;

son armée est précédée de vingt mille émigrés con-
duits par les frères de Louis XVI ; quinze mille
autrichiens, forment son arrière-garde. Le général
Luckner attaqué par cette armée, dans son camp de
Fontoy est obligé de fuir devant ces masses formi-
dables, et le pays reste à découvert. Profitant de sa
victoire, l'armée prussienne marche sur Verdun qu'elle
force à capituler, le 2 septembre 1792. Mais le 17
septembre, l'armée de Kellermann vient se camper à
la gauche de Dumourier sur les hauteurs de **Valmy** :
le 20 du même mois, le duc de Brunswick entreprit de
le chasser de cette position ; le roi de Prusse fut
vaincu.

En vain les émigrés, le comte d'Artois lui-même,
essayèrent de ramener le courage dans l'esprit de
Frédéric-Guillaume ; celui-ci tînt un conseil de guerre :
la retraite fut résolue et s'effectua précipitamment.

M. de Bombelles accompagna Frédéric-Guillaume
et le suivit jusque dans les plaines de la Champagne.

On était à la veille de la bataille de Valmy, lorsque
Goëthe, le grand poëte de l'Allemagne l'y rencontra.
Cet homme célèbre a lui-même raconté leur entrevue
de la manière la plus intéressante :

« Dans le cercle des personnes qui entouraient
les feux du bivouac, et dont la figure était éclairée
par la lueur des flammes, je vis un homme qui avait
l'air âgé et que je crus reconnaître. En m'approchant
de lui, sa surprise fut grande de me voir moi-même
au milieu d'une armée à la veille d'une bataille. C'était

le marquis de Bombelles que j'avais vu à Venise, où,
deux ans auparavant, j'avais accompagné la duchesse
Amélie (1). Il y résidait comme ministre de France,
et s'était empressé de rendre agréable à la princesse le
séjour de cette métropole de l'Adriatique. Notre étonnement réciproque, le plaisir de nous revoir et de
nous rappeler de doux souvenirs, répandirent une
sorte de contentement sur la situation grave où nous
nous trouvions. Je lui parlai de son beau palais sur le
canal de Venise et de ce moment enchanteur où, y
arrivant en gondole, il nous reçut d'une manière si
honorable et si amicale ; enfin je lui rappelai les fêtes
qu'il nous donna. Mais combien je fus déçu, croyant le
distraire et le flatter par ces joyeuses réminiscences !

Se repliant dans sa douleur, il s'écria : « Ne par-
» lons plus de cela ; ce temps est bien loin de moi.
» Même alors, tout en fêtant mes nobles hôtes, ma
» joie n'était qu'apparente : j'avais le cœur navré;
» je prévoyais les suites des orages de ma patrie, et
» j'admirais votre insouciance. Elle était telle que
» vous n'aviez pas même l'idée que de pareils dan-

(1) Amélie ou Amalie, duchesse-douairière de Saxe-Weimar, a
rendu seule plus de services aux gens de Lettres que tous les
princes de l'empire Germanique. Amie et protectrice des arts, juge
éclairé de leurs productions, elle aimait à s'entourer de littérateurs
et d'artistes. Son cercle était composé des écrivains les plus
illustres de l'Allemagne qui demeuraient près d'elle à Weimar.
Goëthe et Wielandy tenaient le premier rang. Cette princesse voulut donner ce dernier pour gouverneur à son fils Charles-Auguste.

» gers pussent se tourner contre vous-même. Quant à
» moi, je me préparais en silence au changement de
» ma situation. En effet, il me fallut, bientôt après,
» quitter et un poste honorable et Venise qui m'était
» si chère, pour commencer une carrière d'aventures
» qui m'a conduit ici et qui se terminera je ne sais
» où.... » (1)

Quelque noirs que fussent alors ses pressentiments,
M. de Bombelles était loin de se douter des arrangements qui se négociaient ou qui peut-être étaient
déjà conclus pour la retraite de l'armée prussienne.
Lorsque cette retraite se fut opérée, il se retira en
Suisse, et vint se fixer avec toute sa famille à Wardegg,
près du lac de Cónstance.

(1) Mémoires tirés des papiers d'un homme d'Etat.

IX.

Rentré dans la vie privée, M. de Bombelles voulut
utiliser ses loisirs en se livrant à l'éducation de ses
enfants. Il trouva dans les dispositions de ses fils, dont
l'aîné n'avait que treize ans, de douces compensations
aux soucis de la politique.

Il commençait à s'habituer au silence et à la solitude, s'étonnant souvent de goûter tant de charmes
dans sa paisible retraite, quand la désastreuse nouvelle
de la mort du Roi vint le plonger dans le deuil. C'en
était donc fait, l'illusion n'était plus possible : la déma-
gogie était maîtresse de la révolution ; M. de Bombelles ne se laissa pas abattre : sa grande foi le sou-
tint en lui faisant voir dans ces sinistres événements
de terribles châtiments de Dieu : elle lui apprit le
précieux secret de la résignation. Quand l'adversité
passe sur une âme vulgaire, elle l'amollit et l'entame :
quand elle trouve une âme fortement trempée, elle ne
fait que la polir et lui donner un nouvel éclat. Celle de
M. de Bombelles avait la trempe chrétienne, la plus
parfaite et la meilleure de toutes. Aussi, au lieu de
consumer sa vie dans les regrets inutiles et de chercher une joie stérile dans ses souvenirs, il pensa que,

près de lui, plusieurs de ses compatriotes avaient à supporter de plus cruelles infortunes.

Quel vaste champ, en effet, pour sa charité que la Suisse, terre hospitalière, qui avait ouvert aux français proscrits un si généreux asile !

Chez M. de Bombelles, le cœur ne devait rien à l'esprit : quand il regardait autour de lui, ses yeux se mouillaient involontairement de larmes. Combien de fois il se prit à regretter sa fortune sacrifiée au devoir. Cependant il se console en pensant qu'il lui reste les bienfaits de la reine de Naples qu'il se fera un bonheur de partager avec ses frères de l'exil; ce qu'il ne pourra faire de ses deniers, il s'efforcera de l'obtenir par son crédit.

Nous le voyons donc agir de concert avec les Evêques français exilés et particulièrement le pieux évêque de Lausanne.

Les trois lettres que l'on va lire sont assez significatives pour qu'on soit dispensé d'appeler sur elles l'attention.

La première émane du comte de Montrichard, chanoine co-adjuteur du grand-chapitre de Liège, vicaire-général de Cambrai, organisant lui-même les secours qu'il recevait de Fribourg et des environs, soutenu par le zèle de Mgr l'évêque de Lausanne, et puissament secondé par les évêques français réfugiés à Fribourg : il cherche à intéresser le prince Castole, récemment nommé à l'abbaye de Kempten, au sort des malheureux prêtres français qui vivaient à peine des

pieuses libéralités des habitants. Le portrait qu'il fait
de leur détresse et des privations auxquelles la misère
les condamnait était bien de nature à émouvoir le
cœur du prince.

Afin de donner plus de poids à sa supplique, le comte
de Montrichard la fait parvenir à l'abbé de Kempten
par l'entremise de M. le marquis de Bombelles, ex-
ambassadeur de France.

Monseigneur,

» Les malheurs de la France qui se prolongent, la
» modicité des fonds que la plupart des Français
» émigrés, des ecclésiastiques surtout, ont pu sous-
» traire à la rapacité de leurs persécuteurs, les obs-
» tacles et les dangers qui ôtent ou interdisent tous
» les moyens de tirer des secours de la France, l'em-
» prisonnement presque général des parents et des
» amis de ceux qui ont été chassés de leur patrie
» pour être restés fidèles à la cause de la religion et
» de l'honneur ; ces circonstances réunies rendent tous
» les jours plus cruelle la position d'un grand nombre
» de français, surtout du clergé, à qui la bienveillance
» a donné asile dans la ville et le canton de Fribourg.
» Depuis longtemps, plusieurs de ces intéressantes
» victimes manquaient du nécessaire. Quelques-unes
» étaient réduites au dernier degré de misère, et, dans
» toute la force de cette terrible expression, souffraient
» la faim. Je puis dire avec vérité que j'en ai trouvé

» qui n'osaient manger assez pour apaiser le premier
» des besoins. J'en ai trouvé qui ne mangeaient que
» de deux jours l'un, un morceau de pain détrempé
» seulement par leurs larmes. J'ai vu une mère
» entourée de petits enfants dont elle en allaitait un
» n'ayant pas même du pain pour apaiser les cris de
» ces innocentes créatures, qui ne connaissent encore
» leur existence que par la douleur; les mamelles de
» cette mère desséchées par le chagrin et le besoin ne
» donnaient plus l'aliment que la nature a rendu né-
» cessaire à l'enfance. Quelle affreuse position ! Et
» quel autre sentiment que celui de la Religion peut
» donner assez de courage et de force pour la soutenir?

» Les personnes charitables de cette ville, et elles y
» sont en bien grand nombre, n'ont pu avoir sous
» leurs yeux le spectacle déchirant d'une honorable
» infortune, sans chercher à l'adoucir. On a formé un
» établissement où se réunissent chaque jour plus de
» cent-vingt prêtres pour prendre en commun le repas
» le plus frugal, une soupe abondante, très-peu de
» viande, du pain, et de l'eau pour boisson. Ce repas est
» cependant le seul de la journée.... Pour les familles
» et individus qui ne font pas partie du clergé, on
» leur fournit chez eux ce qui est nécessaire à la
» subsistance absolue. On m'a fait l'honneur de me
» confier la direction de cet établissement. Je sens tous
» les jours combien le fardeau est pénible à porter.
» Mais n'ayant plus que ce moyen d'être utile à nos
» frères souffrants, je le saisis avec empressement, et

» en remerciant la Providence qui veut bien me
» l'offrir.

.» Puissamment secouru par la sollicitude, le zèle et
» la charité de Mgr l'évêque de Lausanne et de NN. SS.
» les évêques français que la persécution a forcés de
» chercher ici un asile, j'ai eu, jusqu'à présent, le
» bonheur de pouvoir seconder leurs vues de bien-
» faisance, depuis les premiers jours de janvier que
» notre établissement a commencé. Nous ne négligeons
» aucun moyen pour connaître les besoins, discerner
» ceux qui sont pressants et les secourir tous de la
» manière la plus économique, Nous cherchons à
» nous procurer des fonds en intéressant les âmes
» sensibles et religieuses de tous les pays.

» Mais, quelque charitable que l'on soit dans cette
» ville et ce canton, quelque secours que nous rece-
» vions des autres pays, quelque économie que l'on
» apporte dans l'emploi des fonds, quelque confiance
» enfin que nous ayons dans la Providence, il est des
» moments où je ne puis me défendre des plus vives
» inquiétudes. Je vois trop combien nos besoins qui
» augmentent tous les jours excèdent nos moyens qui
» commencent à s'épuiser. C'est ici le pays où les
» français, surtout les ecclésiastiques, sont en plus
» grand nombre, et celui, par conséquent, où ils sont
» les plus malheureux ; le pays par sa nature offrant
» moins de richesses, et ne pouvant fournir que des
» secours très-bornés, malgré le caractère religieux
» et humain de ses habitants, qui, dans la révolution

» française, ont perdu une partie notable de leur for-
» tune. Je vois avec une profonde douleur que nous
» touchons au moment où ces respectables victimes
» du dévouement à leur Dieu et à leur Roi viendront
» me demander du *pain*, et où je ne pourrai leur offrir
» que des larmes stériles. Mon cœur se déchire à cette
» idée, et certes il ne pourrait soutenir un tel spec-
» tacle... !

Le Cte DE MONTRICHARD,

Chanoine Coadjuteur du grand Chapitre de Liège,
Vicaire-général du diocèse de Cambrai.

» Nous, les Evêques français, résidants à Fribourg en Suisse, attestons et déclarons la vérité des faits énoncés dans le présent mémoire.

A Fribourg en Suisse, le 29 octobre 1794.

† M. L. Evêque de Poitiers.
† F. Evêque de Riez.
† C. Evêque de Meaux.
† J.-B. Evêque de Châlons-s-Saône.
† F. H. Evêque de Gap.
† F. Evêque de Sisteron.
† B. E M. Evêque de Lausanne et administrateur des siéges vacants des diocèses de Besançon et Belley. »

Des six évêques français signataires, cinq ont apposé le sceau de leurs armes à côté de leurs signatures il;

est en cire noire et semble témoigner du deuil des prélats : seul Mgr de Lausanne a fait usage de cire rouge; l'évêque de Riez s'est contenté de donner sa signature. (1)

Lettre de M. de Bombelles au Prince abbé de Kempten.

Monseigneur,

» Quoique que je n'aie point l'honneur d'être per-
» sonnellement connu de votre Altesse, j'ai lieu de croire
» qu'elle aura entendu parler de moi comme du fidèle
» serviteur d'un infortuné monarque, comme d'un
» homme qui craint Dieu et qui révère ses préceptes.
» J'ai appris que votre Altesse vient de réunir les
» suffrages d'un chapitre respectable, que tout a con-
» couru · à donner au pays et à l'église de Kempten
» un prince édifiant, éclairé, bienfaisant.

(1) NOMS DES ÉVÊQUES QUI OCCUPAIENT CES SIÉGES.

Martial-Louis DE BEAUPOIL DE St AULAIRE du diocèse de Limoges, né en 1720: sacré en 1759 le 13 mai, âgé alors de 74 ans.

François DE CLUGNY né au diocèse d'Autun en 1728, sacré le 12 juin 1772, âgé alors de 66 ans.

Camille-Louis-Appolinaire DE POLIGNAC né à Paris le 31 août 1745, sacré le 8 août 1779, âgé alors de 49 ans.

Jean-Baptiste DE CHILLEAU, sacré en 1781.

François-Henri DE LA BROUE DU VAREILLES, sacré en 1784.

François DE BOVET, sacré en 1780.

B. E. M. évêque de Lausanne et Administrateur des siéges vacants des diocèses de Besançon et de Belley.

» Je trouve dans un hommage rendu à la vertu d'une,
» manière si signalée, bien des raisons d'espérer que
» votre Altesse accueillera avec bonté les sollicitations
» que je lui adresse avec confiance ; et pourquoi
» n'aurais-je point cette confiance ? ne sais-je pas
» que : *Le propre de la charité est de faire que*
» *ceux qu'elle unit donnent créance aux paroles les*
» *uns des autres.* »

« J'ose donc vous supplier, Monseigneur, de jeter un
» regard attendri sur la position de nos malheureux
» prêtres ; les causes de leur infortune sont si recom-
» mandables, elles sont si connues, elles font tant
» d'honneur à ces confesseurs de Jésus-Christ, à ces
» généreux martyrs de la foi ; ces motifs répandent
» un si grand lustre sur notre sainte religion que je
» n'ai besoin de prendre aucun soin pour les retracer à
» votre Altesse : ils auront touché son cœur, ils
» l'auront pénétré d'admiration pour tous ces braves
» défenseurs du christianisme.

» Dieu, satisfait de leur constante résignation, semble
» vouloir faire cesser la persécution dont il a
» permis que son église fût affligée. Les vengeances
» du Très-Haut frappent déjà sur les têtes coupables.
» Les scélérats qui ont répandu un sang si précieux,
» qui ont ouvert une source intarissable à nos larmes,
» sont tellement aveuglés que successivement et avec
» une rapidité étonnante, ils tombent dans les abîmes
» creusés par eux pour engloutir les gens de bien ;
» cependant quelque prochain que puisse être le

» retour de la justice et de l'ordre, l'hiver qui ne fait
» que commencer se passera sans doute avant que
» nombre d'ecclésiastiques puissent retrouver au milieu
» de leurs ouailles des moyens de subsistance.

» En attendant, leur misère est extrême, et Fribourg
» en Suisse, une des villes où ils ont trouvé le plus
» d'hospitalité, est aussi une de celles où leur grande
» réunion empêche que les secours soient à beaucoup
» près suffisants.

» Parmi plusieurs prélats qui, s'oubliant, ne songent
» qu'à s'occuper du soulagement de leur clergé, mon
» amitié et ma vénération ont remarqué le zèle de
» Mgr l'évêque de Châlons-sur-Saône. Jusqu'à présent
» sa touchante activité a rendu sa charité tellement in-
» génieuse, qu'il a joint à ses propres efforts de quoi
» faire vivre les plus indigents de ses prêtres. Mais
» toutes ses ressources sont épuisées : ce respectable
» évêque n'a pas craint de me confier sa peine, *timor*
» *non est in charitate :* cette ardente charité fait passer
» sur toutes les considérations, même sur celles que le
» monde appelle convenances : malheur à qui craint
» d'être importun aux autres lorsqu'il s'agit de secourir
» son frère, et qu'on ne le peut de son propre fonds !

» Etant donc instruit, Monseigneur, des embarras
» où ce saint prélat se trouve pour alimenter, pour
» vêtir une multitude d'ecclésiastiques dont plusieurs
» sont réduits à ne pouvoir se procurer de nourriture
» que trois fois par semaine, je conjure votre Altesse
» de me faire passer quelque assistance pour eux.

» J'oserai lui dire comme saint Paul aux Thessalo-
» niens : *de charitate fraternitatis non necesse habemus*
» *scribere vobis : ipsi enim vos a Deo didicistis ut dili-*
» *gatis invicem*.

» Je sais, Monseigneur, que les dépenses de votre
» élection, de votre intronisation, que les dons pour
» la guerre, que les charges de votre principauté, que
» les besoins de vos pauvres, qu'enfin un concours de
» circonstances onéreuses doivent mettre, malgré la
» générosité de votre Altesse, des bornes à ce qu'elle
» voudrait donner : mais quelque peu que je reçoive
» d'elle, je m'estimerai heureux d'avoir obtenu ce qu'il
» lui plaira d'accorder à la meilleure des œuvres.

Je suis avec respect, etc. »

Voici la réponse de M. l'abbé de Kempten à M. de
Bombelles.

Monsieur,

» L'on ne saurait être plus vivement pénétré que je
» suis de tant de maux que causent à l'Eglise et à la
» Religion les novateurs détestables de la France, et
» des malheurs que souffrent les pauvres ecclésias-
» tiques de votre patrie. C'est pourquoi je n'aurais pas
» manqué de les secourir dans toute occasion qui se
» présentait, et malgré les dépenses extraordinaires et
» un concours de circonstances onéreuses qui met-
» taient des bornes à mes désirs, comme vous avez
» bien voulu marquer dans votre obligeante lettre.

» J'ai envoyé, il n'y a que dix jours, à Mgr l'arche-
» vêque de Paris demeurant à Constance, trois cents
» florins impériaux pour les distribuer entre ces mal-
» heureux prêtres, que les Evêques exilés, comme il
» dit, lui avaient recommandés. J'espère que ce seront
» les mêmes qui participeront de ce petit secours, et
» je regrette vivement de ne pouvoir contribuer
» davantage à leur soulagement.

» Au reste, Monsieur, je vous ai bien de l'o-
» bligation pour l'ouvrage que vous m'avez fait
» parvenir, et vous assure que j'embrasserai avec
» plaisir toute autre occasion pour vous témoigner
» ma gratitude, et l'estime particulière avec laquelle
» je suis,

Monsieur,

Votre affectionné,

CASTOLE,
Prince et Abbé.

Kempten, ce 14 décembre 1793.

Tous ces actes de bienfaisance étaient une heureuse diversion aux regrets que faisait naître, dans le cœur du serviteur fidèle de Louis XVI, la mort de cet *infortuné* monarque.

Au mois de juin 1794, il apprit que la vertueuse Mme Elisabeth avait eu le sort de son *infortuné* frère : la grâce et la vertu n'avaient pas eu le privilége de toucher les tigres !

Mme de Bombelles resta atterée : on eût dit que la hache révolutionnaire avait fait deux victimes. Son Auguste amie ne l'avait point oubliée.

En 1790, Mme de Raigecourt, au moment où elle quittait la France, avait reçu, des mains de Mme Elisabeth, un paquet cacheté avec ordre de ne l'ouvrir qu'après la mort de cette princesse. Ce paquet renfermait une lettre pour le roi Louis XVI, une pour le comte d'Artois et une troisième pour Mme de Bombelles. Celle-ci l'ayant appris, se hâta d'écrire au comte d'Artois, afin de réclamer ce dépôt si intéressant pour elle.

Le prince lui adressa la réponse suivante :

Ham, 1er août 1794.

» J'ai reçu, Madame, votre lettre du 17 juillet et je
» m'empresse d'exécuter vos ordres, en vous faisant
» passer le précieux paquet que j'ai reçu des mains de
» Mme de Raigecourt.

» Vous connaissez trop bien, Madame, la tendre
» amitié qui me liait à ma malheureuse sœur, et la
» cruelle douleur où sa perte m'a plongé, pour ne pas
» être certaine que j'aurais exécuté, sur le champ, ses
» dernières volontés, si j'avais eu le moyen d'envoyer
» un courrier, et si je n'avais point eu la crainte de
» compromettre un trésor que rien ne peut remplacer;
» mais je regarde votre demande comme un ordre
» de l'ange que le Ciel nous a enlevé, et je ne perds
» plus un instant pour m'y conformer.

» Croyez, Madame, soyez sûre que les amis de ma
» malheureuse sœur auront toujours les plus grands
» droits sur mon cœur, et soyez certaine que je recher-
» cherai avec empressement toutes les occasions de
» vous donner personnellement des preuves de mon
» affection.

» Adieu, Madame, recevez avec bonté l'hommage de
» mon respect, de tous sentiments et de ma profonde
» douleur.

« CHARLES-PHILIPPE. »

*La lettre de Mme Elisabeth pour Mme de Bombelles,
était ainsi conçue :*

Paris, 13 octobre 1790.

» Comme je viens, ma petite bombe, (1) de lire mon
» testament, je veux, ma petite, t'y recommander aux
» bontés du Roi et t'apprendre que je te laisse mes
» cheveux il faut bien que je le dise moi-même ; que
» je le recommande à tes prières et puis que je te
» répète encore une petite fois que je t'aime bien....
» Tu donneras de mes cheveux à Raigecourt : vous ne
» m'oublierez ni l'une ni l'autre. Mais ne va pas me
» regretter de manière à te rendre malheureuse. Adieu!
» sais-tu que les idées que cela laisse ne sont pas
» gaies? il faudrait pourtant s'en occuper en ce moment.
Je t'embrasse de tout cœur.

« Adieu. »

(1) Nom d'amitié que donnait Mme Elisabeth à Mme de
Bombelles.

M. de Bombelles fit imprimer en Suisse, sous le voile de l'anonyme, une brochure fort curieuse pour l'histoire de ce temps, intitulée : *Avis raisonnable au peuple Allemand par un Suisse, 1795* (1) *ou 1793, in-8°.*

C'est vers cette époque, que la reine de Naples voulut que M. de Bombelles devînt son correspondant politique. La reconnaissance lui fit un devoir d'accepter et d'accomplir cette mission de faveur. Il quitta donc la Suisse, et après être resté quelque temps à Lisbonne, avec sa famille, il alla se fixer dans la Bavière, que les armées françaises avaient envahie, afin d'être sur le théâtre même des évènements.

Au mois de juillet 1796, il y eut à Dellingen une tentative d'assassinat contre Louis XVIII. M. de Bombelles s'empressa de se rendre auprès du futur roi qui le reçut après le premier pansement et le chargea d'obtenir du baron de Hardemberg qu'il pût résider à Bareith et s'y reposer de manière à accélérer sa guérison.

Cette petite négociation de M. de Bombelles eut le même résultat que toutes celles qu'il avait conduites dans ses diverses ambassades et qui avaient bien une autre importance.

Des ordres furent donnés pour qu'on eût tous les égards dus à l'incognito de Louis XVIII ; ce prince put séjourner à Bareith tant que la prudence lui permit d'y rester.

(1) Cette date 1795, est celle assignée à cet ouvrage par la Biographie Michaud, article de Bombelles. On a vu que M. de Bombelles a envoyé son ouvrage à l'abbé de Kempten en 1793.

En 1798, la reine de Naples, la Providence de M. de Bombelles, obligée de s'enfuir de ses Etats envahis, se retira en Sicile ; de là, elle fit connaitre à son correspondant de Bavière, qu'à ses malheurs venait se joindre le regret amer de ne pouvoir plus lui servir désormais la rente qu'elle lui avait assurée.

Ce nouveau revers laissait M. de Bombelles sans ressources : le peu qui lui reste sera bientôt épuisé et alors comment vivre ? comment nourrir sa famille ? Cette affreuse perspective il l'envisagea en philosophe chrétien ; pour faire durer plus longtemps ses petites économies, il se retira en Moldavie où il savait pouvoir vivre à des conditions plus modérées et il se fixa à Brunn. C'est vers cette époque qu'il écrivit un livre publié sous ce titre : *La France avant et depuis la révolution. 1799, in-8°.* —

Dieu seul sait à combien de privations dût se condamner l'ex-ambassadeur de France, quand la tempête l'eût jeté ainsi dépourvu de tout sur la terre étrangère.

Il entre dans les vues de la Providence, que la fidélité et l'honneur aient quelquefois leur glorieux martyre: M. de Bombelles en fit la douloureuse expérience. Mais, aussi grand dans le malheur qu'il avait été modeste dans la prospérité, il mit toute son étude à cacher à sa compagne et à ses enfants ses propres tortures. C'est sans doute, dans un de ces moments d'angoisse, qu'il écrivit cette touchante note, simple abrégé de son histoire. Elle ne porte point d'adresse ; à qui était-elle destinée ? Quoiqu'il en soit, si l'on sent, dans son début, l'embarras et comme la pudeur de la vertu obligée de se louer elle-même, on ne peut s'empêcher d'admirer comment un homme du monde, emporté par le courant des affaires cite saint Augustin, comme l'aurait pu faire un ministre des autels !...

« On a dit que la présomption est un orgueil confiant, et la timidité un orgueil qui craint de se trahir : obligé de me faire connaître aux personnes qui ont assez de sensibilité pour s'intéresser à l'infortune d'un père de famille, je tacherai, en cherchant à me montrer avec vérité, d'écarter des faits que je vais exposer tout ce qui se sentirait d'une misérable vanité, en me rappelant à chaque ligne que, comme l'a si bien exprimé saint Augustin, l'orgueil est la gangrène des cœurs.

« J'ai eu 54 ans au mois d'octobre 1798. Ma généalogie n'est pas celle d'un des grands du Royaume, mais elle offre les preuves d'une ancienne noblesse : mes ancêtres figurèrent dans des emplois honorables longtemps avant que Pierre de Bombelles, conseiller du roi de France, ne parût, comme témoin, au traité conclu en 1394, dans la ville d'Asti, entre le duc d'Orléans et le marquis de Montferrat (1). Ce même Pierre de Bombelles contribua aussi à la rédaction du traité conclu en 1418, entre le roi de Sicile et Amédée, duc de Savoye, à

(1) Ce Pierre de Bombelles y est désigné ainsi en présence du Magnifico Petro Bombello Regio Franciæ consilario. (Voyez l'*histoire du Montferrat,* par Benevenuto de Saint-Georgio.

Chambéry. Ses descendants furent tous militaires : mon bisayeul commandait à Metz, mon ayeul à Huningue, mon père en Lorraine allemande où il mourut en 1760. Lieutenant-général des armées du Roi, il a laissé des Mémoires militaires regardés, par les gens du métier, comme des livres classiques.

« L'éducation qu'il me donna me valut l'honneur d'être attaché à celle de Mgr le duc de Bourgogne, frère aîné de Louis XVI. J'étais dans ma dix-septième année quand, avec ce prince, s'ensevelirent les apparences d'une fortune que j'aurais dûe à ses bontés et à la faveur de la Cour. J'avais déjà fait la campagne de 1760. Je fis celles de 1761 et 1762. Cette dernière campagne de la guerre de Sept-Ans me valut les éloges des chefs de l'armée; ils sont consignés postérieurement dans des lettres que j'ai conservées. La paix étant faite, la position du royaume alors, l'équité du gouvernement, et l'intime alliance entre Louis XV et Marie-Thérèse me permirent de croire que de longtemps le militaire français n'aurait de nouvelles occasions de se signaler. J'avais perdu mon père; je restais sans fortune chargé du soin d'un frère et de trois sœurs. Je saisis l'occasion que me présenta l'amitié du baron de Breteuil, de m'attacher à la carrière diplomatique comme m'offrant plus de moyens de m'avancer, et de rendre mes services utiles à ma famille: Mes calculs ne furent pas vains ; bientôt étant employé en Hollande, j'obtins la marque de confiance d'être admis à la correspondance secrète de Louis XV, à laquelle présidait le comte de Broglie et dont étaient MM. de Breteuil et de Vergennes. J'étais conseiller d'ambassade à Naples lorsque Louis XV mourut en mai 1774. Huit mois après, Louis XVI daigna me confier le poste de son ministre près la diète générale de l'Empire, et successivement, les ambassades de Lisbonne, de Venise et de la Porte-Ottomane. Les premiers orages de la révolution me déterminèrent à refuser cette dernière ambassade. M. le comte de Choiseul, qui devait remplacer à Vienne M. de Noailles, resta à Constantinople et je me rendis, en septembre de 1789, à Venise. C'est là que je me démis volontairement d'un emploi qui me rapportait 100,000 livres, pour ne pas prêter un serment odieux dès son introduction, et qui vraisemblablement ne fut prêté par tous mes autres collègues du corps diplomatique, que parce qu'ils n'en prévirent pas les conséquences. C'est là que la reine de Naples, daignant estimer ma fidélité aux principes de la monarchie et mon attachement au trône sur lequel était sa sœur, m'accorda une pension de 3,000 ducats napolitains ; depuis le mois d'avril 1791, j'ai joui de cet honorable bienfait, et j'ai continué à servir Louis XVI dans des missions secrètes, tant près de l'empereur Léopold, que près des Suisses, de l'impératrice de Russie, du roi de Suède et du roi de Danemarck, jusques à ce que mon infortuné Souverain ait été enfermé dans la Tour-du-Temple ; depuis sa mort, j'ai servi tant qu'il a été en mon pouvoir sa cause, et nombre de lettres des ministres de l'empereur François II prouvent qu'à partir de l'année 1793 jusqu'à ce moment ci, ma conduite m'a mérité la bienveillance de la Cour de Vienne.

« Lorsqu'après la campagne de 1792, en Champagne, où je me trouvai à l'affaire de Valmy, je me retirai dans le pays de Saint-Gall, la reine de Naples voulut que j'eusse l'honneur de l'informer de tout ce qui pourrait intéresser sa curiosité dans des conjonctures aussi critiques pour toutes les puissances de l'Europe ; les lettres de Sa Majesté et des minutes des dépêches que j'ai adressées jusques au mois dernier offrent dans leur collection le plus sûr témoignage des sentiments dont je ne me suis jamais départi. Cette collection montre également que je n'ai pas cultivé la bienfaisance de LL. Majestés Siciliennes par de lâches flatteries ; les vérités hardies, les aperçus sur l'avenir, les mesures indiquées pour se préserver des malheurs qui viennent d'arriver, sont consignés dans toutes les réflexions que la Reine me permettait de mettre sous ses yeux ; peut-être la générosité du caractère de LL. Majestés Impériales regardait-elle cette seule époque de ma vie comme pouvant me mériter une protection spéciale accordée à un père de famille qui s'est rendu digne de leur estime et qui est ruiné par les malheurs d'une reine et d'un roi si chers aux cœurs de leurs augustes Enfants. »

X.

Les malheurs de M. de Bombelles ne l'avaient pas
empêché de suivre d'un œil attentif les événements
dont l'Europe avait été depuis quelques années le grand
théâtre. Le succès de nos armes avait bien le privilége
d'exciter son admiration pour le vainqueur : mais im-
mobile dans ses convictions, il était resté fidèle au
passé. Souvent ses regards se portaient vers les derniers défenseurs du trône écroulé. Il avait combattu
autrefois sous les ordres du prince de Condé : c'était à
ses côtés qu'il avait gagné ses premiers grades. Il ne
sera peut-être pas inutile de rappeler en deux mots ce
qui se rattache à cette armée de Condé.

Ce prince avait organisé à Worms un certain nombre
de troupes qui s'était accru des débris de plusieurs
régiments français. En 1792, cette petite armée fut
incorporée à l'armée autrichienne et répartie dans
divers cantonnements du Haut-Rhin. A l'attaque du
village de Berstheim, le prince signala cette valeur
brillante dont il avait donné tant de preuves dans la
guerre de Sept-Ans. Le duc de Bourbon et le duc
d'Enghien avaient pris part à cette affaire, ce qui fit
dire à Delille :

» Trois générations vont ensemble à la gloire. »

Après d'énormes sacrifices, le prince privé de sa fortune et voyant son armée aussi mal payée que mal nourrie par l'Autriche, accepta la proposition de l'Angleterre qui lui offrit, en 1795, de se charger de l'entretien de ses soldats.

Le corps de Condé trouva de nouvelles occasions de se signaler dans la campagne de 1796. L'Autriche ayant fait sa paix avec la France, en 1797, le prince de Condé se trouva dans la nécessité d'accepter l'offre que lui fit l'empereur de Russie, Paul 1er, de se charger des débris de son armée.

Une seconde coalition ne tarda pas à le ramener avec son corps sur les bords du Rhin. Après avoir été témoin, à Constance, des revers des alliés, l'armée de Condé passa, pour la seconde fois, à la solde de l'Angleterre. Elle devait faire avec les Autrichiens la campagne de 1800 que termina la bataille de Marengo ; mais arrêtée à Paderborn, elle fut forcée de retourner en Bavière.

C'est à cette époque que l'armée de Condé fut définitivement licenciée (1). Le prince de Condé veilla lui-même à cette opération et se rendit de Vienne en Angleterre le 11 juin 1801.

(1) Dès le 28 février 1790, le prince de Condé écrivait ces lignes:
» Oui, j'irai malgré l'horreur que doit inspirer à un descendant
» de saint Louis l'idée de tremper son épée dans le sang des
» français, j'irai à la tête de la noblesse de toutes les nations, et
» suivi de tous les sujets fidèles à leurs rois qui se réuniront sous
» mes drapeaux, j'irai tenter de délivrer ce monarque infortuné !

Pour revenir à M. de Bombelles, lorsqu'en 1797 l'Archiduc eut fait la paix avec la France, M. de Bombelles s'étant rendu à Brünn, en Moravie, offrit par une lettre en date du 15 avril de cette même année, ses services et ceux de son fils aîné à l'empereur d'Autriche, lorsque l'armée de Bonaparte était déjà en Styrie et marchait sur Vienne. Le comte Ugarte lui répondit pour le remercier au nom de Sa Majesté impériale, qui, à cause de l'âge déjà avancé du père et de la trop grande jeunesse du fils, ne crut pas devoir accepter les offres de l'ex-général français. (1),

Il avait retrouvé dans les camps toute l'ardeur de sa jeunesse quand Dieu qui avait sur lui des desseins cachés, l'arrêta tout-à-coup.

(*Mémoires de la maison de Condé, tome 2, page 45.*) L'année suivante, sous la pression de l'Assemblée nationale, Louis XVI écrivait au prince de Condé, pour l'engager à renoncer à combattre pour le maintien de droits que la loi nationale avait abolis ; le prince répondit : « Nous périrons tous plutôt que de souffrir le » triomphe du crime, l'avilissement du trône et le renversement de » la Monarchie. »

M. de Bombelles eut volontiers signé cette lettre de son sang.

(1) Ainsi réduit à l'inaction, M. de Bombelles pour en sortir, ceignit sa vieille épée et, disant adieu à sa femme et à ses enfants à l'âge où il devait se reposer, vint trouver le prince et se mit a la disposition de son vieux général avec lequel, comme on le sait, il avait fait les dernières campagnes de la guerre de Sept-Ans. Nous ne le suivrons pas dans cette vie accidentée des camps où il combattit avec le grade d'officier-général.

Le prince de Condé, instruit que Mme de Bombelles était sérieusement malade, fit entendre à son mari que ses enfants avaient besoin de sa présence ; il partit le jour même : mais hélas ! il arriva trop tard. » Cette femme adorée, dit de Chazet, le modèle de toutes les vertus, l'amie de Mme Elisabeth, mourut en couches le 30 septembre 1800, et son infortuné mari, qui eût la douleur de l'apprendre par une feuille publique, ne fut de retour à Brünn que dans les premiers jours d'octobre.

Mme de Bombelles dont la vie entière avait été vouée à l'accomplissement de ses devoirs et à l'exercice de toutes les vertus, était tellement vénérée de tous ceux qui l'approchaient, que des paysans, voisins de son habitation, n'étant point arrivés le jour de son enterrement, obtinrent à force de prières et de supplications qu'on leur ouvrirait le cercueil ; ils baignèrent de leurs larmes le corps inanimé qui avait renfermé une âme si pure, et ils invoquèrent comme une sainte celle qu'ils avaient chérie comme une mère.

Voici la traduction littérale d'un article de la gazette de Brünn du 5 octobre 1800, où cette scène se trouve racontée avec les détails les plus attendrissants :

» Nous venons d'être témoins d'une scène des plus touchantes, des plus sublimes, près du cercueil de Mme de Bombelles. La gratitude vient d'y célébrer une fête digne du Ciel, en offrant un beau laurier à la vertu dans le tombeau. Les habitants de Ménowitz (village voisin de Brünn où Mme de Bombelles demeura quelque temps) ayant appris sa mort, plusieurs d'entre eux se hâtèrent de partir pour la ville et de se rendre dans la maison de deuil : C'était le jour des funérailles et le cercueil était déjà fermé. Ces braves gens en demandèrent l'ouverture avec des cris déchirants pour voir encore une fois ses mains glacées par la mort. Le cercueil fut ouvert, et ces villageois reconnaissants, pâles et plongés dans une douleur muette, les yeux baignés de larmes, entouraient le corps de leur bienfaitrice. Bientôt, ce chagrin silencieux éclata en plaintes amères ; alors ses mains furent couvertes des plus tendres baisers, ses vêtements mortuaires furent arrosés de larmes abondantes, de ces larmes que tous les trésors de la terre ne peuvent acheter et qui sont le prix de la vertu. Chacun de ces hommes reconnaissants essaya de peindre les bienfaits qu'il avait reçus : — » Elle veillait au lit de ma femme » malade. — Elle ferma les yeux de ma mère. — » Elle pansa mes plaies de sa propre main. — Elle » me mit en état de soutenir mes vieux parents. » Ainsi s'exprimaient au milieu des sanglots, ces cœurs nobles et sensibles. Que sont toutes les louanges que dictent l'intérêt ou la flatterie près d'un tel éloge funèbre ? Que celui qui, au récit d'une pareille scène, n'aimerait pas la vertu, descende un jour dans le tombeau sans être aimé, sans être pleuré. »

Louis XVIII ayant appris la perte cruelle que venait de faire M. de Bombelles, lui écrivit la lettre suivante :

Mittau, le 30 octobre 1800.

» Le comte d'Avaray (1) m'a communiqué, Mon-
» sieur, votre lettre du 9 de ce mois. Je prends une
» part bien sincère à votre juste douleur, heureux, si
» je puis l'adoucir un jour, en prouvant mes senti-
» ments aux enfants de l'ami de ma sœur.

» Vous connaissez, Monsieur, tous les miens pour vous.

» Signé : Louis. »

Malgré sa profonde douleur M. de Bombelles ne se laissa pas abattre. Docile aux leçons du malheur, il comprit mieux de jour en jour, que sa place n'était ni auprès du trône, ni sur les champs de bataille, et bientôt il n'aspira plus à être grand selon le monde, mais grand devant Dieu. Que d'autres soient ministres des Rois de la terre, pour lui, il n'a plus désormais d'autre ambition que celle d'être le ministre du Roi du Ciel.

Sous l'entraînement d'une irrésistible vocation, il s'en

______

(1) C'est le comte d'Avaray qui, au péril de sa vie, facilita l'éva-
sion du comte de Provence, qu'il suivit partout dans l'exil. Louis XVIII s'en montra reconnaissant, et le traita moins comme un favori que comme un frère. Après sa mort le prince voulut composer lui-même son épitaphe.

alla un jour frapper à la porte d'un couvent (1) situé
à quelque distance de Brünn (2) et demanda humblement une cellule où il pût se préparer, par la retraite
et le silence, aux grandes destinées auxquelles il se
sentait appelé. Il s'y était enseveli depuis vingt mois,
quand on lui conféra les ordres sacrés. (Juin 1802.)

Avant de s'engager au service des autels, il écrivit
au comte de Provence, et voici la réponse que lui fit
le Prince.

Varsovie le 9 mars 1803.

« J'ai reçu, Monsieur, votre lettre du 17 février ;
» le parti que vous prenez est digne des sentiments
» de piété qui vous ont toujours animé et je ne puis
» qu'y donner mon approbation. J'espère qu'un jour
» viendra, où je pourrai prouver à vos enfants le
» souvenir que je conserve de vos services et de
» l'amitié de ma sœur pour Mme de Bombelles.

» Soyez bien persuadé, Monsieur, de tous mes sen-
» timents pour vous.

» Signé : Louis. »

Dieu voulut lui faire acheter par un nouveau
sacrifice, l'honneur de devenir son ministre ; il eut la
douleur de perdre son second fils, François de Bombelles, jeune homme plein d'espérance et d'avenir,

____

(1) Sans doute l'abbaye des Augustins située dans un des
faubourgs de la ville.

(2) Capitale de la Moravie (Autriche).

qui mourut à l'âge de vingt ans au siége d'Ulm, capitaine au service de l'empereur d'Autriche.

C'est le 15 août 1803 jour de l'Assomption de la Sainte Vierge, que l'abbé de Bombelles monta pour la première fois au saint autel, dans sa cinquante-neuvième année.

Sa délicatesse lui fit naître un doute : sous l'habit ecclésiastique, le ministre de Dieu pouvait-il porter les insignes des différents ordres dont le ministre du Roi avait été décoré ?

Il en référa à l'abbé Edgeworth (1) qui, au nom de Louis XVIII lui répondit :

« J'ai cru, M. le Marquis, ne pouvoir, ni vous
» servir plus utilement, ni mieux entrer dans vos
» vues, qu'en mettant sans commentaire, sous les
» yeux du Roi la lettre dont vous m'avez honoré. Il
» l'a lue avec toute l'attention qu'elle mérite, et me
» charge de vous dire qu'il vous verra toujours avec
» plaisir, quelle que soit votre situation dans le monde,
» porter les marques distinctives des deux ordres

(1) Edgeworth de Firmont, ecclésiastique irlandais, après s'être converti au catholicisme, vint en France, et fut le confesseur de Mme Elisabeth. C'est lui qui accompagna Louis XVI à l'échafaud et dit au roi martyr : « *Fils de saint Louis, montez au ciel !* » Rentré dans sa patrie il rejoignit Louis XVIII à Blankenbourg, et de là le suivit à Mittau. Il mourut victime de son zèle. La famille royale exilée en porta le deuil, et le prince, aux destinées duquel il était attaché, composa son épitaphe en latin, comme il fit plus tard pour le comte d'Avaray.

» dont vous avez été décoré. Elles ont été de tout
» temps, preuve de service, elles sont devenues
» aujourd'hui profession publique d'attachement aux
» vrais principes. Or, sous l'un et l'autre point de vue,
» qui, plus que vous, M. le Marquis, a droit de s'en
» parer ? Il se peut d'ailleurs, qu'elles ne soient nulle-
» ment incompatibles avec l'habit ecclésiastique, et
» qu'au contraire, elles l'honorent autant qu'elles en
» sont honorées. En vous transmettant les intentions
» de notre auguste Maître, permettez-moi, Monsieur,
» de me réjouir avec vous, de la grâce que Dieu vous
» a faite en vous appelant au ministère des autels. »

Ce scrupule levé, l'abbé de Bombelles ne quitta plus ses décorations.

Peu après, il fut nommé chanoine du grand chapitre de Breslau (1), capitale de la Silésie prussienne.

En attendant qu'il pût, comme il l'avait demandé lui-même, être employé au ministère paroissial il demeura chez le comte de Praschma, auprès duquel il trouva toutes les consolations et les ressources d'une généreuse amitié. Il ne quitta cette hospitalière demeure que lorsqu'il fut nommé curé d'Oppersdoff, village

(1) Dans le discours adressé à Mⁱʳ de Bombelles par M. Clausel de Coussergues, le 14 octobre 1819, on lit en note : « Il fut nommé curé en 1805, des villages d'Oppersdoff et de Ditterwald en Silésie prussienne. » C'est une erreur chronologique ; la nomination ne date que de 1806. La paroisse annexée à Oppersdoff, n'est pas non plus Dittenwald, mais bien Bitterwald. Cette double erreur a été copiée par la plupart des biographes de M. de Bombelles.

situé près de Neisse, en Silésie prussienne, où il fut installé le 8 août 1806. A Oppersdoff (1) était annexé un autre village nommé Bitterwald.

Tel est le premier poste où la divine Providence appela l'abbé de Bombelles à travailler au salut des âmes. Quand plus tard, devenu évêque d'Amiens, le prélat oubliant son grand âge parcourra son vaste diocèse, il pourra dire au dernier de ses curés : « *Et* » *moi aussi j'ai été curé de village* » (2).

Le pays qu'il habitait devint le théâtre de la guerre ; il recevait l'hospitalité du roi de Prusse, et ce bon et excellent français l'accordait, à son tour, à ses compatriotes malheureux. C'était un noble et touchant spectacle de voir ce ministre d'un Dieu de paix parcourir les champs de bataille qu'il avait jadis illustrés par sa valeur, prodiguer aux blessés des consolations religieuses ou des secours pécuniaires, et faire transporter les plus malades dans sa modeste demeure pour les rendre à la vie ou leur adoucir la mort.

M. de Bombelles a laissé de volumineux et intéressants mémoires qui, à la mort de Mme de Castéja, sa fille, ont été envoyés en Allemagne et sont devenus la propriété de ses héritiers. Espérons qu'ils ne seront pas perdus pour l'histoire et que leur publication permettra à un nouveau biographe plus heureux que

(1) Ville des Etats prussiens (Silésie), sur la Neisse, prise par le grand Frédérick.

(2) de Chazet.

nous, de reprendre notre travail et de le compléter en puisant dans ces précieux documents (1).

(1) Il a été fait un extrait du tome 83ᵉ de ces mémoires, qui a pour titre : *Journal de l'année 1807 à Oppersdorff.*

Ce petit écrit offre d'autant plus d'intérêt qu'outre le tableau qu'il nous fait de l'ex-ambassadeur, devenu curé, et de la manière toute paternelle avec laquelle il gouverne ses petits Etats, il nous donne des détails nouveaux et intimes sur le théâtre de la guerre.

XI.

Il est bon que le lecteur sache que les nombreuses
citations qui suivent, sont toutes extraites du journal
d'Oppersdorff, afin qu'il y donne l'attention qu'elles
méritent. On n'oubliera pas que c'est M. de Bombelles
qui tient la plume, et qui, en nous donnant des détails
sur sa personne, ses habitudes et ses relations, nous
permet de vivre dans son intimité et de porter sur les
premières années de son ministère, un regard curieux
et discret. Nous allons aussi faire connaissance avec
un général qui a joué un rôle important dans les
guerres de l'Empire, et puiser à bonne source des
renseignements historiques qu'on chercherait en vain
ailleurs. Cette double considération suffira, je l'espère,
pour expliquer et excuser au besoin la longueur des
détails. D'ailleurs ce journal d'Oppersdorff est proba-
blement la seule page, empruntée aux mémoires de
M. de Bombelles, que possèdera la France, puisque la
collection manuscrite est à Vienne.

Vers la fin de l'année 1806, l'empereur chargea son
frère Jérôme de faire le siége des principales forteresses de la Silésie. Celui-ci avait pour le seconder, le
général Vandamme qui commandait le neuvième corps
formé de deux divisions bavaroises et d'une wurtem-

bergeoise du 13ᵉ de ligne et de quelques escadrons français de cavalerie légère.

« Ces forteresses, dit M. Thiers, construites avec soin par le grand Frédéric, pour rendre définitive la précieuse conquête qui avait fait la gloire de son règne, présentaient de graves difficultés à surmonter, non-seulement par la grandeur et la beauté des ouvrages, mais par les garnisons qui étaient chargées de les défendre » (1).

Déjà Glogau, la place de la Silésie la plus rapprochée du bas Oder avait été amenée à capituler le 2 décembre 1806. Vandamme avait ensuite établi ses batteries devant Breslau qui après un mois de siège, avait été réduite à parlementer le 7 janvier 1807.

Quelques jours après, Brieg eut le même sort. Tout le centre de la Silésie était conquis, il restait à prendre Schweidneitz, Glatz, Neisse, qui en ferment les portes. « Napoléon ordonna de les assiéger les unes après les autres, et se décida, en ce qui les concernait, à un acte rigoureux, conforme d'ailleurs aux droits de la guerre, c'était de les détruire » (2).

Vandamme ! ce nom seul fait frémir toute la contrée et glace d'effroi les paisibles habitants d'Oppersdorff.

L'abbé de Bombelles aime trop ses bons paroissiens pour ne point souffrir des vexations dont il les voit l'objet. En lui ce sentiment n'est pas de la pusillani-

(1) Histoire du Consulat et de l'Empire, tome 7ᵉ.

(2) Même ouvrage.

mité ; c'est de l'affection. Il ne craint rien pour ses jours, le vieux général qui a affronté cent fois la mort sur les champs de bataille ; mais comme curé, il est père et cette paternité spirituelle n'est pas la seule qui donne accès dans son cœur à de justes alarmes. L'abbé en se séparant de ses enfants, a conservé près de lui le plus jeune de ses fils, Victor de Bombelles, enfant de dix ans, qu'il prépare à la première communion et sur lequel se concentre et se résume toute sa tendresse.

Bientôt le pays fut tellement menacé, que l'infortuné père se vit obligé de se priver de cette dernière consolation, en éloignant de lui, pour le mettre en lieu de sûreté, ce fils si tendrement aimé.

« Ce sacrifice, dit-il lui-même, fait à la raison et à
» la vraie tendresse paternelle, dépouille ma solitude
» du charme qu'y répandait ce bon et aimable Victor.
» J'ai cru me retrouver dans un désert en me revoyant
» hier, sans lui, dans notre commun asile ! »

Cette privation fut heureusement de courte durée. Sur sa [demande, le curé d'Oppersdorff obtint des cartes de sûreté et put rappeler son fils.

Or, le 9 mars, dit le journal d'Oppersdorff, l'abbé de Bombelles reçoit, du curé de Bilau, une lettre ainsi conçue : (1)

» Son Excellence le général de division Vandamme,
» me charge de vous faire tous ses compliments, et

(1) Cette lettre est en allemand.

» vous prie de l'aller voir à Bilau ; il donne sa parole
» d'honneur, que non-seulement vous ne courrez aucun
» risque, mais que vous pouvez être assuré de tout le
» respect et de la distinction dûs à une personne
» dont la vie et le caractère sont également remar-
» quables. Il a donné des ordres pour qu'on vous
» délivrât, sur le-champ, une sauvegarde person-
» nelle. »

A cette terrible invitation, Victor fondit en larmes
et son père eut toutes les peines du monde à le
consoler. L'effroi de Victor était-il un de ces étranges
pressentiments dont on ne peut se défendre, ou bien,
seulement, une peur d'enfant ? Que pouvait-il vraisemblablement y avoir de commun, entre M. de
Bombelles royaliste expatrié et Vandamme qui, aux
dires de la renommée, passait pour un des ennemis
les plus acharnés de l'émigration ?

Cette invitation si extraordinaire ne cachait-elle
pas un piège sous l'apparence d'une forme polie ? D'un
autre côté, le général avait donné sa parole d'honneur que le curé d'Oppersdoff ne courrait aucun
risque.

M. de Bombelles partit. Que se passa-t-il ? C'est ce
que va nous apprendre une lettre de condoléance que
l'abbé de Bombelles écrivit, un mois plus tard, à la
reine de Naples, à l'occasion de la mort d'une de ses
filles.

Oppersdorff, 23 Avril 1807.

Madame,

« Ce n'est plus qu'à l'autel que je puis présenter
» les tributs de ma respectueuse reconnaissance et les
» sentiments dont me pénètre tout ce qui intéresse
» votre Majesté. C'est en offrant le saint sacrifice que
» mon cœur, brisé de la douleur qui vous afflige,
» Madame, a demandé au Seigneur qu'à la suite d'une
» vie semée de bien des peines, succède pour votre
» Auguste fille une éternité heureuse. . . . . .

» Les Bavarois et les Wurtembergeois nous ont fait souf-
» frir tout ce qu'il est possible, pendant six semaines ;
» ni mes paysans, ni moi, n'avons eu un instant de
» sûreté dans nos maisons ; non contents de forcer
» caves et grenier, cinq drôles, baïonnette au bout du
» fusil, sont venus, jusque dans ma chambre, pour me
» traiter aussi indignement que d'autres curés. Dieu
» m'a fait la grâce de leur imposer assez pour les
» renvoyer confus de leurs attentats, dès que je leur
» eus dit que j'avais donné mon âme à Dieu, et qu'un
» ancien général était de la sorte insensible à la peur.
» Cependant à la suite d'une lutte trop fréquente, trop
» insupportable, j'ai sollicité des sauvegardes. Un
» baron de Seckendorff, commandant les Wurtem-
» bergeois, m'a envoyé des cartes de sûreté : elles
» m'ont été de quelque utilité, toutefois encore, il a
» fallu batailler souvent.

» Le bruit de la défense que je faisais est arrivé
» jusqu'au général Vandamme, que je n'avais nulle
» envie de connaître, d'après tout ce qu'on savait de
» son ancienne animosité contre les émigrés français;
» il a désiré de me voir, m'a fait inviter à me rendre
» à son quartier général (qui n'est guère plus loin
» d'ici que Palerme de Montréale) : une telle invita-
» tion était un ordre auquel j'ai obéi sans le moindre
» délai, j'ai été reçu très-honnêtement. Je croyais que
» cela en resterait là ! — Huit jours après, le général,
» dans un magnifique équipage, avec un nombreux
» cortége, m'est venu faire sa visite et passer une
» heure et demie chez moi ; il ne m'y a tenu que de
» bons propos sur tout ce qui me sera à jamais sacré.
» Cet homme qui fait trembler bien du monde a montré
» de l'attendrissement en voyant la pauvreté de ma
» maison; dès que je m'en suis aperçu, j'ai vite dirigé
» cette sensibilité sur les malheureux habitants de mes
» deux villages. Il m'a promis de les ménager, à
» condition que je lui promettrais d'aller dîner chez
» lui, et que je me ferais accompagner par le cadet
» de mes fils, enfant de dix ans, ma seule société ; j'ai
» encore crû que la Semaine sainte et les fêtes de
» Pâques donneraient au Général le temps de m'oublier,
» il m'a fait prier à plusieurs reprises de tenir ma
» parole, et j'ai été traité par lui et ses entours, comme
» si j'étais l'Ambassadeur d'une tête couronnée.

» Depuis, tout ce que j'ai demandé en faveur de
» mes paroissiens a été fait sur le champ, et de bonne

» grâce ; ils contribuent toujours à d'énormes li-
» vraisons, mais ils sont exempts du périlleux travail
» de la tranchée, mais leurs chevaux ne sont plus
» enlevés, mais tous les désordres, encore beaucoup
» commis dans les communes voisines, n'ont plus lieu
» trop dans mes deux villages : les soldats et dragons
» craignent même d'en approcher maintenant, ils me
» nomment *le méchant vieux à l'étoile*, parce que sur
» ma mauvaise soutane, que je n'ai pas quittée depuis
» l'irruption de l'ennemi, sont les ordres dont Louis XVI
» m'avait décoré ! C'est vêtu ainsi que le général Van-
» damme m'a trouvé dans mon chétif presbytère; c'est
» ainsi que j'ai obtenu les égards de cet extraordinaire
» mortel.

» J'espère que Votre Majesté ne désapprouvera pas
» que je lui rende compte de cette singulière circons-
» tance de la destinée d'un vieillard qui, longtemps
» comblé de vos bontés, Madame, n'aurait pu ni exister,
» ni élever ses enfants sans vos bienfaits.

» Je suis avec respect, etc. »

M. de Bombelles nous donne dans son journal de
plus amples détails sur sa première entrevue avec
Vandamme. Après avoir raconté son arrivée à Bilau, il
ajoute : « Le major Vincent m'a annoncé ; j'ai attendu
» dans un cabinet, comme chez un souverain ; enfin
» introduit, le Général m'a dit : Vous avez été inquiet.
» — Non, lui ai-je répondu, mais j'ai été inquiété.
» — Vous allez avoir aussitôt une sauvegarde. — J'en

» remercie Votre Excellence : à la faveur des cartes de
» sûreté, je suis en repos depuis quelques jours. — Si
» cela ne durait pas, avertissez-moi, vous aurez une
» sauvegarde à l'instant.

» De là, le Général a continué à être d'une politesse
» presque aimable à mon égard ; sa mine n'avait plus
» rien de dur, ni de sinistre ; il savait parfaitement qui
» je suis, qui j'étais ; je ne lui ai fait mystère de rien,
» et nous nous sommes séparés fort honnêtement. Son
» état-major m'a reconduit avec des égards qui étaient
» visiblement ordonnés par leur chef. »

Parlant de la première visite que lui fit le Général,
M. de Bombelles, qui revenait de son annexe, s'exprime ainsi : « J'étais depuis peu de minutes de retour
» chez moi, quand une élégante calèche viennoise
» attelée de quatre superbes chevaux, est entrée dans
» ma cour. Cinq hommes aussi bien montés que vêtus,
» précédaient et suivaient la voiture ; qu'en est-il
» sorti ? L'effroi du canton, la terreur de nos commis-
» saires, le sévère correcteur des Wurtembergeois,
» enfin le général Vandamme qui a demandé si j'étais à
» la maison ? Au même moment, je suis allé au devant
» de son équipage, sans savoir encore qui me venait ;
» il a passé une heure et demie et plus dans ma
» chambre et ne manquant pas l'occasion de me dire
» les choses les plus obligeantes. . . . .

. . . .

» En arrivant, il m'avait abordé en me disant :
» *M. le Curé, je viens faire mes Pâques chez vous.* »

» Il m'a offert ou des chevaux de selle, ou des
» voitures à mon choix pour me rendre à Bilau.   .   .

.   .   .   .

» Sa figure est belle, bonne, agréable, quand il veut,
» autant que sombre et farouche quand il se livre à
» son humeur.

» Sa visite, ses adieux pleins de bonne grâce, tout
» cela a fait une grande sensation dans les environs,
» tout s'y est su en moins de deux ou trois heures...

» Il appartenait à l'étrange marche de ma vie, de
» voir l'homme créé par la révolution venir chez
» l'homme détruit par elle, lui témoigner de grands
» égards ! »

Peu à peu les relations devinrent plus étroites : on
laissa de côté les rigueurs de l'étiquette, pour ne plus
se voir que dans la plus cordiale intimité. C'est ce qui
explique comment le curé d'Oppersdorff obtenait du
général tout ce qu'il sollicitait en faveur de ses paroissiens.

Quelquefois Vandamme amenait la conversation sur
le terrain de la stratégie, et l'abbé, évoquant alors sa
science militaire, émettait en toute liberté son opinion
personnelle ; ce général y répondait souvent par des
demi-confidences ou par les aveux les plus complets.
En voici un exemple pris au début même de leurs
relations.

» Le général Vandamme n'a nullement regardé
» comme une faveur, le poste qui lui a donné sous

» Jérôme, le commandement de la poignée de monde,
» nommée neuvième corps d'armée de la grande
» armée.

» Je ne serais venu à bout de rien, me dit le
» général, si en Silésie, comme ailleurs, on n'avait
» pas abusé de la permission de faire des fautes.

» Il m'a donné toute raison, lorsque je lui ai dit
» qu'en évacuant Breslau et Brieg et en joignant les
» troupes prises ensuite dans les deux villes à ce
» qu'on pouvait tirer de Schweidnitz, Glatz, Neisse et
» Kosel, on lui eut opposé une force qui l'eut obligé à
» se tenir sur la défensive avant et même après la
» prise de Glogau ; il m'a parlé des offres faites par
» lui au général K... de se retirer avec 25000 hommes
» armés et 60 pièces de canon, près le roi de Prusse ;
» ajoutant que Napoléon voulait avoir Magdebourg à
» tout prix. Alors, dit-il, le général K... me répondit
» en brave homme. Je n'ai été que plus surpris
» quand, six jours après, sans nulle nécessité, il a
» ouvert les portes de sa forteresse, et livré comme
» prisonniers tout ce qui pouvait reformer un noyau
» d'armée à son maître ; ce peu de jours a aussi suffi
» pour changer au physique, au moral ce général K..,,
» de manière à ce que je n'ai plus vu en lui qu'un
» vieillard radotant.

» Vandamme sait que les généraux à Neisse,
» après avoir tiré du pays d'énormes livraisons en
» tout genre, les ont vendues en grande partie à leur
» profit et vendent à présent à un prix énorme tous

» les comestibles dont les habitants de la ville ont
» besoin. Il va, dit-il, en finir sous peu de jours, dès
» que l'artillerie nécessaire lui sera arrivée. »

C'est un spectacle étrange que ces deux hommes de
caractère et d'opinion si différents qui, n'ayant en
apparence aucun point de contact, se rapprochent
néanmoins, se recherchent et se voient avec autant de
franchise et de cordialité que l'auraient pu faire de
vieux amis.

Ces étonnantes relations, commencées le 10 mars,
durèrent près de six mois et ne cessèrent qu'au départ
du général. Ils se connaissaient à peine depuis deux
mois, que déjà ils ne pouvaient plus se séparer.

Le 4 mai, l'abbé de Bombelles alla faire visite au
général, celui-ci, selon sa coutume, le retint à dîner ;
on causa longtemps. A la tombée de la nuit, l'abbé
voulait prendre congé de son hôte et regagner son
humble presbytère, il n'y put jamais parvenir et fut
obligé de passer la soirée et la nuit à Bilau, où en son
honneur un des officiers improvisa et tira un feu
d'artifice. Le lendemain de grand matin, une superbe
calèche attelée de quatre chevaux du général, recon-
duisit, comme en triomphe. à Bitterwald, l'aimable
curé d'Oppersdorff que reçurent avec orgueil ses paroissiens ébahis.

Quelles que fussent les dispositions de l'abbé de
Bombelles, il fallait bien qu'il cédât à de telles instances et payât en visites tant d'amabilité. Le général

exigeait toujours que son estimable ami occupât, à sa table, la place d'honneur.

Un jour les rôles changeaient. A huit heures du matin, le général, accompagné d'un de ses aides-de-camp, arrivait à Oppersdorff. Qu'y venait-il faire ? Il venait tout simplement déjeûner au presbytère. Le repas fut modeste, l'amitié lui prêta son charme, le cœur et l'esprit en firent les principaux frais. On allait se séparer quand on vit entrer les notables du village qui demandèrent à parler au général. Ils venaient le remercier de toutes les faveurs dont il les avait fait jouir par l'entremise de leur curé. Le général leur fit répondre par un interprête : « Vous devez tout ce que » je fais et ferai en faveur de cette paroisse au curé » qu'elle a : il mérite toutes mes attentions et je l'es- » time particulièrement pour son fidèle attachement à » la personne de votre Roi. »

A quelques jours de là, l'abbé de Bombelles alla faire une nouvelle visite au général qui le reçut avec la même déférence. Après une conversation de deux heures en tête-à-tête, on dina.

« En allant à table, le général m'a fait passer avant » lui, m'a suivi et a été suivi de tous les autres con- » vives. Je me suis assis à sa droite ; le comte » de Kénigseck, un de ses aides-de-camp, s'est » emparé de Victor et l'enfant a très-bien tenu » son coin. Le dîner est un ambigu de beau- » coup de plats, les cuisiniers doivent être mé- » diocres ; la table du prince de Condé, bien plus

» frugale, offrait de bien meilleurs mets. Le général
» n'adressait guère la parole qu'à moi. .   .   .   .   .
» les aides-de-camp m'ont reconduit jusqu'à ma
» voiture, malgré qu'il neigeait à flocons. Enfin, hor-
» mis les honneurs militaires de la prise des armes,
» j'ai été reçu, traité et reconduit comme l'eut pu
» être un ambassadeur de France, allant au quartier-
» général d'une autre puissance. »

On a vu dans la lettre à la reine de Naples, que les soldats avaient nommé le bon curé d'Oppersdorff *le méchant vieux à l'étoile*; ce n'était pas sans raison qu'ils le qualifiaient ainsi. Outre le respect que leur commandait l'amitié du général Vandamme pour le curé français, ils subissaient, sans trop s'en rendre compte l'empire secret qu'exerçaient sur eux la fermeté et l'ascendant du caractère de M. de Bombelles.

Voici une anecdote qui ne permet pas d'en douter.

» On est venu en toute hâte m'appeler au secours
» des gens de Bitterswald. J'ai trouvé, y étant vive-
» ment accouru, M. N..., se chamaillant, comme une
» poissarde, avec cinq soldats. J'ai exigé du silence, et
» il m'a été accordé à mon approche ; ces soldats
» s'étaient bornés à demander des planches : ils n'a-
» vaient aucun ordre à produire ; j'ai voulu faire ôter
» ces planches déjà chargées sur une voiture, les
» soldats s'y sont opposés ; je suis monté sur la voiture,
» elle a fait un pas ou deux, je me laissais entraîner ;
» ces Messieurs se sont ravisés, et grognant, ont rendu

» les planches : alors apprenant qu'ils étaient du corps
» commandé par M. de Brunelles, j'ai fait évaluer ces
» planches ; on les a taxées à un écu, je l'ai donné au
» paysan et j'ai dit aux soldats : *Par égard pour votre*
» *chef, et parce que vous avez cédé, je vous fais pré-*
» *sent de ces planches.* Ils sont partis contents, mes
» paysans l'ont été et moi aussi. »

Ces scènes se seraient sans doute reproduites, si le siège de Neisse n'était venu, comme on va le voir, ôter à ces maraudeurs le loisir de ces lâches razzias.

Le 16 avril, l'abbé de Bombelles revenait d'une paroisse voisine d'Oppersdorff.

« J'ai vu, dit-il, le ciel enflammé, et découvert d'une
» hauteur, l'incendie de Neisse. Comme on n'a point
» inondé les dehors de la porte de Neustadt, les batte-
» ries ont pu porter le feu dans l'intérieur de la ville ;
» et autant qu'on en peut juger, l'église, la maison des
» anciens Jésuites, et nombre de maisons adjacentes
» ont été la proie des flammes. Tout le monde allait
» voir en dehors de mon verger ce spectacle : je ne me
» suis pas senti le courage de cette curiosité. »

Le 2 mai, il reçoit d'un des généraux de l'armée, cette communication : « On a enlevé trois postes
» avancés ; trois officiers, cent trente hommes et du
» canon ont été pris et il ajoute lui-même : l'air est par
» intervalles obscurci de la fumée occasionnée par des
» décharges continuelles, et l'on voit à tout moment
» quelque nouvel incendie dans l'intérieur de la ville. »

Le 6 mai : « Tandis que tranquillement nous
» allions en procession au milieu de nos champs, le
» canon ronflait devant Neisse, et je ne pouvais assez
» remercier le Seigneur de ce qu'il permettait que
» nous élevions, sans trouble, nos voix pour implorer
» ses bénédictions. Il y a dans ce pays, des chants
» d'une douce harmonie, et que tant les hommes que
» les femmes exécutent à merveille. Il s'en faut bien
» que les autres villages, et aux environs et plus loin
» de Neisse, puissent de même vaquer à la prière et
» aux travaux. »

Le 28 mai : « Quoique je n'aie guère pu, en raison
» des troubles de la guerre, faire pour la procession
» de la Fête-Dieu, tout ce que j'aurais voulu afin de la
» rendre plus digne de son objet, le grand concours
» de monde et les mesures ordinaires prises par les
» gens de l'Eglise et du village, ont fait que cela s'est
» passé très-décemment ; durant toute cette solennité,
» le canon se faisait entendre comme s'il eût été tiré
» en l'honneur du culte du Seigneur. »

Le 29 mai, il reçoit d'un des officiers de Bilau un
billet ainsi conçu : « Je m'empresse et Son Excellence
» même m'ordonne, d'avoir l'honneur de vous faire
» part, que M. le colonel Revert et moi, nous sommes
» allés en ville aujourd'hui auprès de M. le Gouver-
» neur, et on est convenu que S.E. le général de
» division Vandamme, et S. E. le gouverneur de Neisse,
» auraient une entrevue demain matin, à dix heures,

» à Heidersdorff, où l'on dressera une tente. Nous
» avons l'espoir de voir terminer les maux qu'entraîne
» le siége de Neisse. »

Le 30 mai, il reçoit de Bilau un nouveau billet :
» Je m'empresse de vous annoncer à la hâte, que
» S. E. a fait merveille, Neisse capitule ! Les maux de
» la guerre vont finir, réjouissez-vous avec nous tous.»
Dans sa réponse, l'abbé de Bombelles rappelle au
général Vandamme, la promesse qu'il lui a faite de
ménager le palais épiscopal.

Le 1ᵉʳ juin, « tandis que j'étais tranquillement, après
» l'office, à voir semer cinq boisseaux de graines de
» lin, on discutait dans le château de Bilau les articles
» de la capitulation. Les bases, sont, dit-on, les
» mêmes que celles de la capitulation de Schweidnitz.»
» A dix heures du soir, j'ai reçu la lettre suivante :

« S. E. vient d'achever d'arranger la paix avec la
» ville et la forteresse de Neisse. Tout s'est passé de
» part et d'autre avec une honnêteté extraordinaire et
» passablement au gré des deux partis.
» Nous voilà tranquilles jusqu'au 16.
» Le matin à dix heures la garnison défilera avec
» tous les honneurs de la guerre. Le 15 déjà, on y
» enverra des officiers de génie et de l'artillerie pour
» prendre un état exact de tout ce qui regarde ces deux
» armes, et l'on occupera une porte de la ville. »

Le 6 juin, racontant une visite au gouverneur de

la ville, qui l'a reçu avec une grande politesse, il dit :
» On n'a jamais, je crois, détruit aussi terriblement
» une ville que ne l'est celle de Neisse. L'extérieur
» des maisons n'est pas aussi affreux que l'intérieur.»

Le 9 juin : « je suis parti vers dix heures, j'ai
» trouvé répandu dans les jardins de Bilau les matadors
» du quartier-général et ceux de la garnison de Neisse.
» Le général était enfoncé dans un bosquet causant
» vivement, à son ordinaire, avec le commandant gé-
» néral prussien. Je me reculai en les voyant tête-à-tête
» lorsque le général Vandamme m'a pressé d'approcher
» et m'a présenté au général prussien dans les termes
» les plus obligeants. La conversation a continué.

» Vandamme a parlé ensuite, au général prussien
» de tous les égards dont il le ferait jouir à Neisse ;
» celui-ci se livrant à tous les transports de sa recon-
» naissance naissante, oubliant celle qu'il devait avoir
» des bontés de son Maître, et s'oubliant lui-même, a
» eu l'impudeur de se saisir, devant moi, de la main
» du général ennemi et de la baiser avec une affectation
» de tendresse qui doit avoir été bien ridicule aux
» yeux de Vandamme lui-même ?

» Grand Frédéric ! croyez-vous que l'homme que
» vous éleviez sous vos yeux, que vous aviez élevé en
» grade, que vous comptiez parmi les chefs qui de-
» vaient, (fidèles à votre maison), en soutenir le lustre,
» s'abaisserait jusqu'à une telle lâcheté ! De ce moment,
» j'ai cherché à me tirer du trio que je formais.   .   .

» Quel autre maintien que celui du vieux colonel d'ar_
» tillerie, Wirnitz ! celui-ci avait la douleur d'un brave
» homme peinte sur le visage. »

Le 10 juin, Vandamme reçoit, en présence de l'abbé
de Bombelles, de la part de Jérôme, roi de Hollande,
avec la lettre d'envoi, la plaque, croix et ruban de
l'aigle noir, nouvel ordre que celui-ci a créé. . . .

En dépaquetant tout cela, Vandamme nous a dit en
riant : « *Cela fait plaisir aujourd'hui, tandis qu'il y a*
» *quelques années, on était guillotiné, parce qu'on avait*
» *porté une décoration.* »

Le prince Jérôme ayant donné au général Vandamme
l'ordre de s'éloigner du pays, le Général en fit prévenir
immédiatement M. de Bombelles, l'invitant à l'aller
voir une dernière fois. « Il m'a dit adieu à près de
» minuit, dit celui-ci, et cela avec attendrissement. »

Le lendemain de grand matin, le Général fit tenir à
son ami, la lettre suivante :

Cette lettre est adressée au général Reinvald.

» Au quartier général devant Glatz, 26 juin 1807.

Monsieur le général,

» Je vous recommande d'une manière toute particu-
» lière le bon et estimable curé d'Oppersdorff, M. le
» marquis de Bombelles, mon ami : je vous aurai une
» reconnaissance particulière de tout ce que vous
» voudrez bien faire pour lui.

» J'ai l'honneur de vous saluer.

» D. Vandamme. »

Le général Vandamme a raconté à M. de Bombelles
l'histoire de sa vie ; quoiqu'elle offre des détails fort
curieux, je me bornerai au fait suivant raconté par
Mgr de Bombelles lui-même.

» Vandamme habite à Lille l'ancienne intendance ; le
» Préfet s'en était fait accorder le logement par un
» décret ; Vandamme allant à triple cheval trouver le
» Consul, fit rapporter ce décret. Depuis, il a fait,
» dit-il, un palais de fée de cette maison, il s'est
» arrangé une terre et maison de campagne non moins
» belles, auprès de la ville de Cassel, d'où il domine
» toute la province mise sous son commandement. »
Or, le 16 avril 1808, le général Vandamme, recevait
le commandement du camp de Boulogne ; il pensa
pouvoir faire, dans cette ville, ce qu'il avait fait à Lille.

On lit dans la biographie de Firmin Didot, article
Vandamme.

» Il lui arriva là (à Boulogne), une aventure qui
peint l'homme et fait comprendre l'estime que
Napoléon avait pour lui, comme général. Trouvant à
son goût la maison du maire de la ville, il s'installa de
force dans son hôtel, et le mit à la porte, en qualité
de Commandant en chef de camp. Le maire se plaignit;
Berthier prit les ordres de l'Empereur. L'Empereur
envoya à Vandamme l'ordre de quitter la maison du
maire, de garder les arrêts vingt-quatre heures, et de
remettre le commandement au général Hatry,
(16 mars 1810). Cette petite exécution n'ayant pas

satisfait le Maire, il partit pour Paris, obtint une audience de Napoléon, et se plaignit amèrement de Vandamme ; « Oui, lui dit l'Empereur, tout cela est » vrai, vous avez raison, mais que voulez-vous, si » j'avais deux Vendamme, j'en ferais fusiller un, mais » je n'en ai qu'un, j'en ai besoin, et je le garde pour » moi. »

Laissons Vandamme à Boulogne ; un jour nous le retrouverons et revenons à Oppersdorff.

XII.

Voici le portrait que de Chazet a tracé de M. de Bombelles :

« Je suis resté un an chez lui (1), et je ne pouvais me lasser d'admirer les ressources de son esprit à la fois grave et malin, réfléchi et plaisant.

« Organisé pour les arts d'agrément, comme pour les connaissances profondes, après m'avoir quelquefois dicté, trois ou quatre heures de suite, des mémoires diplomatiques, qu'il composait à l'instant même, il descendait au salon où se réunissait notre petite colonie, se mettait à jouer du piano et improvisait les paroles et la musique de quelque à-propos plein de sel et de gaîté, passant ainsi des travaux les plus ardus aux saillies les plus heureuses. Malgré ses revers, ses malheurs et la gravité du ministère sacerdotal, l'abbé de Bombelles n'a pas changé ; c'est toujours le même caractère, la même facilité, la même gaîté, la même amabilité, le même esprit, la même

(1) A Wardegg, en Suisse.

finesse. Il est à Oppersdorff ce qu'il était à Wardegg :
il sera à Amiens ce qu'il est à Oppersdorff; les années
et les événements n'amenèrent en lui aucune métamor-
phose. On m'a affirmé que, jusqu'au dernier soupir, il
conserva cette prodigieuse fécondité d'esprit qui lui
permettait en petit comité, de s'asseoir à son piano, et
d'improviser en vers les choses les plus spirituelles
qu'il chantait et accompagnait avec tant d'entrain et de
bonheur, que ses amis le couvraient toujours d'applaudissements. C'est ce que m'a attesté vingt fois son
gendre, M. le comte de Castéja. »

Puisque j'ai anticipé sur les années, le lecteur me
permettra de le reporter pour un moment bien loin en
arrière.

Le marquis de Bombelles était très-jeune que déjà il
aimait passionément la musique. Son père ne parta-
geait pas ses goûts pour un art qu'il regardait comme
indigne d'un homme de qualité et défendit expressé-
ment à son fils de perdre à ces futilités un temps
précieux, qu'à son avis il pouvait mieux employer. Le
jeune homme s'y résigna, essaya d'obéir, mais l'amour
de l'art l'emportant sur la défense paternelle, il continua
en cachette à prendre des leçons de clavecin, et cela se
passait en Picardie, à Abbeville, où, dit certain pro-
verbe, chaque maison possède un musicien. Au jour de la
détresse, le fils du gouverneur de Bitche eut plusieurs
fois occasion de s'applaudir de sa faute et lui-même
nous apprend qu'il se fit, à son tour, professeur de
piano.

Rien n'est vivace comme les passions quand elles ont leurs racines dans la nature ; il faut penser que la passion de la musique n'était pas entièrement éteinte dans le cœur du curé d'Oppersdorff, puisqu'il nous dit, dans son journal, que son premier souci, dès que ses ressources le lui permirent, fut de faire l'achat d'un modeste piano ; l'éducation musicale du jeune Victor ne fut sans doute pas étrangère à l'acquisition de cet instrument.

Souvent les arts se donnent la main ; chez M. de Bombelles, la poésie et la musique s'unissaient si étroitement qu'on les aurait cru deux sœurs. Non pas que j'aie la prétention de faire du futur évêque d'Amiens un poète de premier ordre ; je citerai quelques fragments de ses poésies ; ce ne sont pas des modèles, sans doute, mais il est bon de se rappeler que M. de Bombelles écrivait avec une étonnante facilité ; souvent il se plaisait à mêler des vers à sa prose. Sa poésie est toujours simple, sa pensée sans effort, son style sans fard ; le moindre fait, le moindre événement saillant ont le privilége d'éveiller sa muse : le choc le plus léger fait jaillir l'étincelle.

Quand l'abbé de Bombelles voit pour la première fois Vandamme, il ne peut s'empêcher de le peindre en deux vers :

> Sous un énorme feutre, un farouche regard
> Fait trembler ou s'enfuir les gens de toute part.

Rendant compte de la première visite que lui fit le général, il dit :

> Et mes voisins, transis de peur,
> Fort vaniteux dans leur bonheur,
> Mais très-rampants dans la misère,
> Sont stupéfaits de tout l'honneur
> Que vient d'avoir mon presbytère
> Et que n'eût pas voulu lui faire
> Le fier, le terrible vainqueur,
> S'il n'eût vu dans mon caractère,
> Ce qui plaît à l'homme de guerre,
> Pour peu qu'il ait un peu de cœur ! »

Le 5 mai, il recevait à Bitterwald.

« J'ai vu tomber à mes pieds, dit-il, une jeune fille éplorée, dont le père âgé de quatre-vingts ans, était obligé d'aller de Billitz à Bullau travailler à la tranchée ; je lui ai donné une lettre pour le baron Stammerer dans laquelle je lui dis :

> La gente fille de vingt ans,
> Enfant d'un père octogénaire,
> En vous portant mes compliments,
> Vous adressera la prière
> De rendre l'auteur de ses jours
> Aux vœux d'un malheureux ménage.
> Accablé sous le poids de l'âge
> Ce vieillard n'est d'aucun secours.
> Le général, bon fils, bon père,
> Accueillera de tels soupirs ;
> Je sais et suis loin de le taire,
> Qu'au premier rang de ses plaisirs,
> Est celui de bien faire ! »

« La grâce a été accordée sur-le-champ.

« Il faut bien l'avouer, quoique l'abbé de Bombelles soit un prêtre fort régulier, et un vieillard de mœurs sévères, on sent parfois l'homme du monde sous l'habit ecclésiastique ; son langage n'a pas toujours le cachet ascétique du jeune lévite élevé au fond d'un séminaire ; ce qui serait une légèreté déplacée dans l'un devient une saillie fort naturelle dans l'autre ; qui s'en étonnerait ? Et d'ailleurs, si Vandamme n'eût trouvé dans l'émigré en soutane qu'un pieux ministre de Dieu qui se fut effarouché au premier mot un peu crû, échappé au sans-gêne ou à la gaité militaire, il eut pu vénérer de loin le prêtre, il n'eût jamais cherché à s'en rapprocher, il n'en eut point fait son meilleur ami. Par son aimable condescendance, le curé d'Oppersdorff sut charmer l'esprit et gagner le cœur du général et de son entourage ; je pourrais ici citer des vers fort spirituels de l'abbé à son ami Vandamme, mais il m'a paru que ces charmantes bluettes écrites pour un militaire et destinées à être lues dans l'intimité, devaient rester confidentielles. J'arrive à une dernière citation.

Afin de l'engager à rentrer en France, le général Vandamme avait souvent essayé de peindre à son ami la fortune qui l'y attendait sous un gouvernement qui savait récompenser l'esprit et le mérite ; écrivant à son fils Charles, M. de Bombelles terminait sa lettre par ces vers :

> Suivant lui, trésors et grandeur
> M'attendent dans notre patrie ;
> A ce nom, mon âme attendrie
> Oppose à l'art d'un séducteur
> L'élan du véritable honneur.

> Quand fidèle à la loi suprême
> Je vois sœurs et parents que j'aime
> M'ouvrir, me tendre en vain leurs bras
> Croit-on que même un diadème
> M'offrît de plus puissants appas. »

L'aîné des fils (1) de M. de Bombelles semblait avoir hérité de son père une étincelle du feu sacré, s'il faut en croire une lettre qui lui est adressée par le célèbre poéte Wieland, auquel il avait envoyé un exemplaire de sa traduction de l'ode du général Prado.

Voici cette lettre :

Lettre de Wieyland au comte Louis de Bombelles.

Monsieur le comte,

« L'aimable lettre dont vous avez bien voulu me
» favoriser, m'est d'autant plus précieuse, et tout ce
» que vous me dites d'obligeant du goût qu'apparem-
» ment une affinité naturelle de nos esprits peut vous
» avoir inspiré pour les productions de ma muse, me
» flattent d'autant plus que vous y avez joint un titre
» très-authentique du droit que votre propre talent
» vous donne de juger du mérite de celui des autres.
» C'est avec un plaisir infini que j'ai lu, M. le comte,
» votre charmante traduction de l'ode grecque, adres-

(1) Louis de Bombelles, ministre d'Autriche, à la diète Helvé-tique, conseiller intime et chambellan de l'Empereur.

» sée par M. le général Pardo de Figueroa au célèbre
» poéte espagnol d'Asriappa. Ne connaissant pas
» l'original sur lequel vous avez travaillé, je n'ai rien
» à dire sur la ressemblance de la copie, mais ce que
» sais, parce que je le sens, c'est qu'il faut que l'ode
» grecque de M. de Pardo soit de la plus grande beauté,
» si elle ressemble à votre copie ; et si vous n'avez pas
» mis l'auteur dans le cas de s'appliquer le beau vers
» de Virgile : *Miratur novas frondes et non sua poma.*
» Je trouve dans vos vers, le goût de l'élégance
» d'Horace, mariée à l'aimable et harmonieuse mol-
» lesse de Tibulle ; et j'ai toutes les peines du monde
» d'interdire à mon amour-propre l'orgueilleux
» souhait de voir quelqu'une de mes productions
» traduites en vers français par un amateur favorisé,
» comme vous l'êtes, Monsieur, du Dieu des vers
» heureux, et doué comme vous du talent d'embellir
» son original.

 » Agréez, etc...,

» Signé : WIELAND. »

Ce ne sont pas seulement les généraux français que
les manières et le savoir-vivre de l'abbé de Bombelles
attirent vers lui ; tous les châteaux des environs de
Neisse et de Kosel se disputent à l'envie l'honneur de
le posséder et viennent tour à tour égayer sa solitude
d'Oppersdorff. Au premier rang de ses nobles amis,
nous avons déjà nommé le comte et la comtesse de
Burghausen. Une lettre de cette dernière adressée à

Oppersdorff, nous en peint le curé sous des couleurs si aimables que je ne puis résister au désir de la citer ici :

» En vérité, mon estimable ami, je commencerai à
» aimer le général Vandamme pour sa conduite envers
» vous et pour tout le bien qu'il vous permet de faire :
» s'il vous voit souvent, vous lui ferez aimer la vertu
» en la lui montrant sous une forme aimable qui
» attache sans effrayer. Recevez mes sincères remer-
» cîments touchant le nommé Wolf ; sa fille a pleuré de
» joie, et je vous envoie cette larme de tendresse
» filiale, qui ne sera pas perdue pour vous ; c'est un
» trésor que votre cœur sait apprécier. Tout le monde
» est enchanté de vos nouvelles, mais Louise est par-
» ticulièrement flattée de ce que vous lui dites
» d'aimable, et je vois bien, par tout ce qui se passe
» dans ma maison et dans le quartier-général, que
» vous êtes le favori de tout le monde ; je n'ai d'autre
» mérite dans mes sentiments pour vous que celui
» d'avoir commencé la première à vous les vouer. »

Il ne faudrait pas juger le curé d'Oppersdorff par ses relations de société. Rien ne dût égaler la gêne de ce vénérable prêtre, privé de tout, même de son traitement qui ne devait courir qu'au mois d'octobre de cette année 1807. Néanmoins il s'oublie lui-même pour ne s'occuper que de ses paroissiens décimés par le fléau de la guerre ; toutes ses démarches auprès du général Vandamme, et ses liaisons avec l'aristocratie qui l'entoure n'ont point d'autre but que de venir en aide à ses ouailles dont le malheur lui fait oublier sa propre détresse.

On se rappelle cette phrase de la lettre de l'abbé de Bombelles à la reine de Naples, lors de la première visite du général Vandamme à Oppersdorff : « cet » homme qui fait trembler bien du monde a montré » de l'attendrissement en voyant la pauvreté de ma » maison ; dès que je m'en suis aperçu, j'ai vite dirigé » cette sensibilité sur les malheureux habitants de mes » deux villages. »[Pas un mot pour lui ! mais il ajoute : » Depuis, tout ce que j'ai demandé en faveur de mes » paroissiens a été fait sur-le-champ et de bonne grâce; » ils contribuent toujours à d'énormes livraisons, mais » ils sont exempts du périlleux travail des tran- » chées, etc... Après la prise de Neisse, le général, dit » l'abbé, m'a accordé, pour mon compte, la mise en » liberté de vingt-et-un soldats, non mariés, enfants » de mes deux villages, qui, sans cela, eussent dû aller » où leurs camarades seront transférés comme pri- » sonniers de guerre. »

A quelques jours de là, le comte de Kenigseck lui écrivit : « Le général me charge de vous annoncer que » vos paysans soldats à Neisse, vous sont *tous* rendus ; » ils ont l'ordre, en arrivant, de se présenter chez » vous, pour vous remercier, n'ayant eu la permis- » sion de rentrer chez eux qu'à la prière de *leur* » *père et digne pasteur*. Peu à peu ces bonnes gens » sont arrivés et n'ont pas été moins touchants dans

» leurs remercîments, que les malheureux que j'ai
» sauvés des dangers de la tranchée. »

Il serait trop long de reproduire les différentes circonstances où l'abbé de Bombelles donna à ses paroissiens des témoignages de son inépuisable charité.

Bornons-nous à un simple trait qui suffira pour nous donner une idée de la pieuse reconnaissance des habitants d'Oppersdorff envers leur bon pasteur et des délicates attentions de ses nobles voisins.

On était au 25 avril, jour de saint Marc, fête de l'abbé de Bombelles, laissons-lui la parole :

« Après avoir été administrer une femme infirme,
» je suis revenu à l'église pour dire la messe ; je l'ai
» trouvée remplie de tous les habitants du village : j'y
» ai été reçu au bruit des timbales ; tous les enfants de
» chœur étaient, ainsi que l'autel, dans leur plus
» grande parade. En commençant la messe, j'ai vu à
» mon grand étonnement, un grand tapis de drap
» bleu, encadré d'une belle bordure, et couvert de
» trois lés de tapisserie, à fond jonquille, orné de
» fleurs en couleurs très-vives et très-fraîches. Je ne
» concevais pas qu'on ne m'eût point parlé de ce
» tapis et qu'on ne s'en fût pas servi aux grandes
» fêtes de Noël et de Pâques. Après la messe seule-
» ment, j'ai appris qu'hier soir il avait été envoyé de
» Friedland, avec l'ordre de me laisser ignorer, jus-
» qu'à ce que j'en fisse usage, que c'était un char-
» mant cadeau à l'occasion de ma fête, qui me venait

» de la comtesse de Burghausen, qui, enrichissant
» ainsi mon église, ne pouvait me faire un plus
» sensible plaisir. »

Quoi de plus touchant que le récit de cette fête de
famille ! Quoi de plus attendrissant que ces enfants
accourus auprès de leur père et formant autour de lui
la plus belle de toutes les couronnes !

XIII.

Nous n'avons point parlé de la piété de **M.** de Bombelles ; vive et sensible comme son âme, elle aimait à s'inspirer du monde extérieur pour se porter à Dieu. C'est ce qu'il nous apprend lui-même. Il se rendait, par une belle matinée de juin, à Johannisberg. « Le chant du rossignol, dit-il, et la sérénité de l'air ont facilité ma prière, en gravissant la montagne et en disant mon bréviaire. »

Ce qui pour d'autres eût été un obstacle, lui devenait un moyen : la majesté des cieux, le coucher du soleil, l'éclat d'un jour radieux, la brise embaumée du soir, le chant des oiseaux étaient comme autant de voix avec lesquelles s'harmonisait instinctivement sa pensée.

Quoiqu'il en soit, c'était surtout dans les œuvres que l'abbé de Bombelles faisait consister sa piété ; il s'était fait une règle et une loi de la fidélité à accomplir tous ses devoirs de pasteur ; aussi le diocèse de Neisse ne comptait pas un prêtre plus zélé que lui pour le salut des âmes. Plus les fonctions de son ministère sont obscures, plus il les aime : ses délices sont de confesser ses pauvres paysans, de leur parler un langage à la portée de leur intelligence, de tendre la main à la faiblesse qui tombe, de ramener la brebis qui s'égare, de consoler l'infortune qui pleure, de visiter les malades et les infirmes, de se tenir prêt jour et nuit à répondre à leur appel, de partager avec le pauvre un morceau de pain quotidien, de se donner lui-même et de se dépenser tout entier avec une abnégation sans limite et un dévouement sans bornes. C'est ce qu'on est heureux de constater en parcourant son journal et sa correspondance intime.

Quand on se rappelle la brillante position qu'a occupée dans le monde, l'homme qui se cache humblement aujourd'hui au fond d'un pauvre village de la Prusse, ne semble-t-il pas que le passé de ce prêtre vienne former autour de sa tête vénérable une éclatante auréole ? Plus sa vertu cherche l'oubli, plus elle semble mériter nos respects. Nous avons vu déjà les généraux français et la noblesse allemande payer à son mérite un juste tribut d'hommages : nous allons voir les princes et les rois eux-mêmes, unir leurs voix à ce concert de louanges.

Dès le 2 avril 1807, Louis XVIII a ordonné au comte de Damas (Etienne), de s'informer si l'ancien ambassadeur de son frère est resté en Silésie, ou s'il s'est retiré en Autriche.

Il avait été répondu au prince que le fidèle serviteur de la Monarchie avait eu le courage de rester au poste où l'avait appelé la divine Providence.

Le 11 juin, M. de Bombelles recevait la lettre suivante :

Lettre de S. M. Louis XVIII.

Mittau, ce 15 mai 1807.

« J'ai lu, Monsieur, avec un vif intérêt, la lettre
» que vous avez écrite au comte Etienne de Damas.
» Votre conduite dans des circonstances aussi diffi-
» ciles ne m'a pas surpris ; elle est digne de votre
» attachement à Dieu, au troupeau qu'il vous a
» confié et aux principes qui vous animent ; je jouis
» bien sincèrement de son succès, en voyant que la
» vertu courageuse se fait toujours respecter. Mais
» combien je regrette qu'au lieu d'allemands, ce ne
» soit pas de français que vous soyez entouré et que
» de tels sentiments, ce ne soit pas dans un général,
» ni parmi nous, que vous les ayez rencontrés.
» Exerçant alors votre saint ministère dans toute son
» étendue, après leur avoir fait connaître le Dieu qui
» mourut pour notre rédemption, vous auriez su
» montrer à ces enfants égarés, le frère, le succes-
» seur d'un martyr, héritier des vues paternelles de
» Louis XVI, ne respirant que le bonheur de la France,
» prêt à tout oublier, à récompenser tous les services
» utiles à la patrie. . . . .
. . . .
. . . .

» Soyez persuadé, Monsieur, de tous mes senti-
» ments pour vous.

» Signé : Louis. »

9

A cette lettre, était jointe une lettre du comte d'Avaray qui s'exprimait en ces termes :

« C'est avec une satisfaction bien vive, Monsieur,
» que j'ai l'honneur de vous adresser un témoignage
» d'affection et d'estime de la main de notre auguste
» Maître. Cette lettre, si bien faite pour charmer votre
» solitude, rendrait indiscret ce billet même, s'il était
» prolongé ; qu'il me suffise, Monsieur, de vous ex-
» primer combien j'ai été sensible à votre souvenir, et
» de vous prier d'agréer le sincère hommage que j'ai
» l'honneur d'adresser au vénérable curé, chevalier
» français.

» Signé : le comte D'AVARAY. »

Une troisième lettre, celle du comte Etienne de Damas, était jointe aux deux précédentes. La modestie de l'abbé de Bombelles l'a ravie à notre curiosité :

« L'amitié du comte de Damas, écrit-il dans son jour-
» nal, lui fait dire des choses si obligeantes que je ne
» puis les transcrire. »

On était au 5 août, et l'abbé de Bombelles ne devait commencer à tirer de sa cure quelques faibles moyens de subsistance qu'au mois d'octobre. Déjà ses faibles ressources étaient épuisées ; au milieu des tristes circonstances où la guerre l'avait placé, entouré de malheureux qu'il aimait comme ses propres enfants, on comprend que son cœur ait oublié de compter et que sa charité se soit montrée prodigue.

En nous apprenant sa détresse, la lettre suivante du duc de Berry nous dira que ce prince regrette de ne pouvoir mesurer le don qu'il lui fait à l'estime et à l'affection qu'il lui a vouées.

Lettre du duc de Berry à l'abbé de Bombelles.

Londres le 4 juillet 1807.

« Mon cher Bombelles, je ne puis vous exprimer
» tout ce que j'ai éprouvé en lisant le récit de vos
» malheurs et surtout le désespoir que me cause le
» retard de votre lettre qui a été quatre mois en route ;
» elle m'est arrivée par Mittau. Je m'empresse de
» mander à l'Evêque de tâcher de vous passer,
» le plus tôt possible, cinquante louis ; c'est
» bien peu dans la position où vous êtes, mais il m'est
» impossible, pour à présent, d'en faire plus ; mais
» que je crains tout ce que vous aurez souffert pen-
» dant ce temps-là ; vous connaissez trop mon amitié,
» pour ne pas juger combien mon cœur est déchiré du
» récit de vos peines. . . . .

» Adieu, mon cher Bombelles, répondez-moi le plus
» tôt possible, et comptez sur ma tendre amitié.

» Signé : CHARLES-FERDINAND. »

Cette offrande de cinquante louis arrivait donc fort à propos.

qui vient de perdre son père. Qu'on juge si les adieux durent être déchirants et le deuil général, par les lignes suivantes, écrites quinze années plus tard, à la mort de M⁰ʳ de Bombelles, par les habitants d'Oppersdorff. Dans un article nécrologique tiré d'un journal allemand et dont je donne la traduction littérale, on lit :

« Pendant l'année désastreuse de 1806, la Providence nous l'envoya comme pasteur de nos âmes, et lors de l'invasion ennemie, il fut pour nous un véritable ange tutélaire. A cause de notre position sur la route qui joint les deux forteresses assiégées, Neisse et Kosel, nous eussions eu, plus que tous nos voisins, beaucoup à souffrir par suite des réquisitions et des pillages de nos ennemis, s'il ne nous eût protégés. A cet effet, il fit lui-même le voyage au camp ennemi et chercha à amener le général Vandamme à des conditions moins onéreuses. »

« Par son initiative et son intervention, il arracha à la mort un de nos plus braves officiers, et à une dure et douloureuse captivité plus de cinquante de nos soldats. Comme récompense de ses services, le roi ajouta au canonicat de Breslaw, qu'il possédait déjà, le décanat mitré de Glogau avec le titre d'Excellence. »

. . . . , ...

« Il était, dans toute l'acceptation du mot, notre père le plus tendre et le plus aimant ; il ne vécut que pour notre bonheur, et quand il s'agissait de venir en aide à un de ses enfants, il oubliait son âge et ses infirmités. Il s'est élevé lui-même dans nos cœurs un monument que le temps ne détruira jamais : car non-seulement il nous fit du bien pendant son séjour au milieu de nous, mais même de loin il ne cessa de s'occuper de notre bonheur. »

« Lorsqu'en 1819 une partie de nos paisibles habitations fut devenue à quatre reprises différentes la proie des flammes, et qu'il ne resta plus à un grand nombre d'entre nous pour tout bien qu'une poignée de cendres, notre père ne nous oublia pas : il nous envoya 400 thalers, en donna 100 autres à l'instituteur, père de douze enfants, fit cadeau de douze brebis à notre vénérable curé, avec cent thalers pour l'achat d'une horloge dans la nouvelle tour. Aussi, qu'elle ne fut pas notre désolation quand nous apprîmes, par M. le curé, la mort de notre vénéré père de Bombelles. Oui, éternelle sera notre reconnaissance pour l'affection qu'il nous porta et le bien qu'il a fait au milieu de nous. Dieu le récompense au ciel et ici-bas dans ses enfants (1) »

« Paix et repos à sa cendre ! son souvenir vivra au milieu de nous jusqu'à la dernière heure de notre existence. »

---

(1) M. de Bombelles laissa quatre enfants. Son fils aîné est ambassadeur d'Autriche à Naples ; le second, major dans l'armée autrichienne, et le troisième est dans la diplomatie autrichienne. — Sa fille est mariée en France.

— Ce journaliste ajoutait : « Cette pièce, témoignage éclatant de la reconnaissance de ces communes (Oppersdorff et Bitterwald, près de Neisse en Silésie) à l'endroit de leur vénéré pasteur, nous est parvenue avec la signature de deux députés de ces communes. »

Nous n'ajouterons rien à cet éloge ; il a son éloquence que nous craindrions d'affaiblir.

XV.

Nos recherches sur les actes du Prélat, de 1807
à 1814, sont restées infructueuses. Force est donc de
passer, sans transition, aux premières années de la
Restauration en France.

« Le curé d'Oppersdorff, devenu depuis 1807,
doyen d'Ober-Glogau, dit de Chazet, obtint ne
juin 1814 un congé pour retourner en France. »

Cette date est-elle bien la véritable ? est-il vraisemblable, connaissant le caractère de l'abbé de Bombelles et son dévouement à la cause qui semblait
triompher, qu'il aurait attendu deux mois entiers, au
fond de l'Allemagne, l'apaisement de la tempête et
l'affermissement du trône royal pour solliciter une
autorisation qu'il devait si ardemment désirer ? On se
refuse à croire à une telle indifférence dans ce vieux
serviteur de la monarchie, qu'on se serait attendu à
voir accourir le premier à la frontière, pour saluer
l'avénement de Louis XVIII au trône de ses pères.
Mais nous n'en sommes pas réduits à de vagues sup-
positions, pour nous convaincre que la mémoire du
spirituel biographe de M. de Bombelles lui a fait défaut.

Laissons parler l'auteur de l'histoire de la Restauration qui nous appendra quel rôle politique jouait en France, dès le mois d'avril, celui que de Chazet suppose encore à Glogau au mois de juin.

« Au moment où M. de Vitrolles apportait au comte d'Artois l'invitation de se rendre à Paris, M. de Bombelles venait d'arriver de Langres à Nancy, apportant au prince, de la part de l'empereur d'Autriche, une cocarde blanche et l'invitation de se rendre à Langres. Il arriverait à Paris appuyé par l'Europe entière et prendrait avec maturité les déterminations convenables à l'avenir. Il se maintiendrait dans une position forte, d'où il verrait venir les hommes et les choses. » (1)

M. de Vitrolles fit entendre au prince que le moment était décisif, qu'il fallait brusquer les événements. Son avis l'emporta. On partit pour Paris.

M. de Bombelles vint rendre compte de l'insuccès de sa mission à l'empereur d'Autriche et le comte d'Artois, conduit par M. de Vitrolles, arriva à Paris et s'y installa avec le titre de lieutenant-général du royaume.

Dès le 6 avril, le Sénat avait reconnu et appelé au trône de France, le comte de Provence, qu'une politique prudente, retenait toujours sur la terre d'exil. Ce n'est que le 24 de ce mois, que le prince quitta enfin

(1) *Histoire de la Restauration*, par Alf. Nettement, tome Ier, page 56,

l'Angleterre et vint débarquer à Calais. De Calais, le roi se rendant à Paris, s'arrêta à Boulogne et à Montreuil, et vint à Abbeville où il assista à un *Te Deum*. En passant à Ailly-le-haut-Clocher (Somme), M. Dupuis, curé de cette paroisse, et futur vicaire général de Mgr de Bombelles, harangua si bien le Roi, que la duchesse d'Angoulême offrit une riche tabatière à ce digne ecclésiastique. Le 28, le roi fit son entrée triomphale à Amiens et se rendit à la cathédrale, ayant à ses côtés Mme la duchesse d'Angoulême et les princes de Condé et de Bourbon. A son arrivée dans la basilique, il fut reçu par Mgr Demandolx qui lui fit un discours où il lui dit entr'autres choses : « C'est aux lois sages, c'est aux exemples du roi très-chrétien, du fils aîné de l'Église, titres précieux dont votre Majesté se glorifie, que la France sera redevable de son heureux retour à la religion et aux bonnes mœurs qui doivent lui rendre ses droits à l'estime des nations, et la replacer parmi les puissances les plus favorisées du ciel. » (1).

(1) Le prélat eut encore l'honneur de haranguer le roi à la préfecture. « La religion trop longtemps méconnue, a t-il dit, persécutée surtout dans son vénérable Chef, dont le courage vraiment divin fera l'admiration de la postérité, respirera désormais à l'ombre des lis, recouvrera son antique splendeur et son influence salutaire. Les vertus de saint Louis reprenant leur place autour du trône de son auguste petit-fils, mériteront à votre Majesté la protection du Roi des rois, en même temps qu'elles assureront la félicité des peuples. »

D'Amiens, le roi se dirigea vers Compiègne ; enfin de Compiègne on arriva à Paris, où M. de Bombelles ne tarda pas à se rendre lui-même.

Les événements nous ont depuis quelque temps fait perdre de vue ce fils bien aimé, ce cher Victor, le dernier de ses enfants que l'abbé de Bombelles avait conservé avec lui et dont il avait voulu faire lui-même l'éducation. L'élève avait répondu aux soins paternels du maître, et vivant dans un presbytère, il avait naturellement pris goût aux fonctions d'un ministère qu'il voyait si dignement exercer. La culture du cœur marchant avec celle de l'esprit, le jeune de Bombelles avait de bonne heure exprimé à son père le désir de se consacrer à Dieu, et, en avançant en âge, il avait donné des marques non équivoques de vocation ecclésiastique. En revenant en France, l'abbé s'était bien gardé de laisser seul en Silésie ce cher enfant qu'il souhaitait, du reste, confier à d'autres maîtres. Aussi, le premier souci du père, en arrivant à Paris, fut-il de conduire Victor au petit séminaire d'Issy, où il comptait bien lui faire de fréquentes visites.

XVI.

Il était difficile à Louis XVIII de contenter toutes les
aspirations. Pendant que le parti aristocratique reven-
diquait ses priviléges traditionnels, le parti populaire
manifestait des aspirations libérales avec lesquelles il
fallait compter. Les révolutionnaires déguisaient à
peine leurs colères et l'armée était restée fidèle au
passé : il y avait en France 40,000 officiers à demi-
solde ou sans solde, renvoyés dans leurs foyers et
condamnés à l'oisiveté : c'était autant d'éléments de
discorde, de nature à alarmer le vainqueur et à encourager le vaincu. Du fond de son exil, Napoléon
suivait d'un regard attentif les divers mouvements
produits par la politique des Bourbons. Habitué à
compter pour rien les obstacles, et sachant que
l'audace est sœur de la fortune, il s'embarque, fran-
chit les Alpes, arrive à Grenoble qui lui ouvre ses
portes, et s'avance vers Lyon à la tête de troupes
choisies; on l'apprend à Paris. Le duc d'Orléans et le
comte d'Artois accourent; mais, abandonnés par
leurs propres soldats, ils sont obligés de fuir ; quelques
jours après, la France étonnée apprenait qu'elle
avait changé de maitre. L'empereur était à Paris,
et Louis XVIII à Gand.

Après le retour de l'île d'Elbe, le séjour de M. de Bombelles en France n'était plus possible ; l'honneur lui commandait de nouveau l'exil.

Il quitte la France, le 20 mars, et regagne la Silésie, devenue comme sa seconde patrie. Arrivé à Vienne, il reçoit du prince de Hardemberg, ministre tout-puissant de Prusse, la lettre suivante qui montre quelle estime Frédéric-Guillaume III avait pour le curé d'Ober-Glogau.

Monsieur le Marquis,

« Le roi ayant toujours rendu complètement justice à
» la noblesse de vos sentiments, vous voit avec plaisir
» reprendre des fonctions où votre conduite n'a pu
» qu'augmenter l'estime que S. M. vous avait toujours
» vouée. Pour vous en donner une nouvelle preuve elle
» vous accorde le titre d'Excellence, que les ambas-
» sades où vous vous êtes distingué vous avaient
» assuré depuis longtemps. Je vous prie d'en agréer
» mes félicitations et l'assurance de la haute consi-
» dération, etc... »

Quelque honorable que fût ce titre donné à un homme qui cachait les plus brillantes qualités sous un humble habit de religion, quelque flatteuse que fût cette distinction, M. de Bombelles s'y montra moins sensible qu'au bonheur de revoir ses ouailles chéries, ce qu'il témoigna assez par son empressement à quitter Vienne.

L'abbé de Bombelles avait repris avec ardeur les fonctions du ministère pastoral, et travaillait avec un nouveau zèle à la conquête des âmes confiées à ses soins.

Mais les événements marchaient vite ; il ne tarde pas à apprendre la rentrée des Bourbons. Il lui faut reprendre le chemin de la France. On dirait qu'il hésite à briser des liens que sa tendre charité rend tous les jours plus chers ; trois mois il lutte ; enfin le cœur cède à la raison ; il fait ses adieux à sa paroisse éplorée. Voici la lettre, qu'en partant, il écrivait à sa sœur ; on y retrouve unies la tendresse du frère, la fermeté de l'homme, la foi du prêtre ; on y voit également qu'il porte avec aisance le fardeau de ses soixante-onze ans, sans que l'âge et les épreuves aient affaibli en lui l'*amour de la rime*, qu'il mêle sans efforts à une prose facile et pleine d'abandon.

A Wilshoffen sur le Danube, le 17 octobre 1815.

« J'ai reçu le 13 à Vienne, chère amie, la lettre où
» tu me parles du galant homme dont la maison a été
» pillée sous Meudon et qui ne veut pas que je sois
» dans l'embarras à Paris. Cette nouvelle m'a fait
» grand plaisir, mais le contraire ne m'eût pas
» ébranlé dans la résolution de revoir, toi, nos bons
» parents, de chers enfants, et mes amis ; ceux-ci, si
» je me flatte trop, voient trop en noir de leur côté, et
» dans tout état de cause, il est peu de dangers bien
» réels pour un homme de mon âge, qui d'ailleurs,

» plus que jamais, conforme sa volonté à celle de Dieu.
» Il a rendu vains les calculs des superbes, et ne
» laissera pas périr les âmes qui se fient en lui. Hier
» à Lieitz, j'ai appris avec peine, que Charles tenant
» une autre route que je tiens, arrive en ce moment à
» Vienne. Il ne me reste qu'un espoir et comme il y est
» allé en courrier, il pourrait être réexpédié à Paris
» où le prince de Metternich est encore. Ce ne sera pas,
» si je le manque tout à fait, le seul contre-temps du
» retard de mon arrivée à Paris, où vraisemblablement,
» comme l'année passée, j'eusse dû me rendre plus
» tôt. Je compte mettre demain cette lettre à la poste à
» Ratisbonne et dans deux ou trois jours être à
» Dischingen, où comme tu le penses bien, chère
» amie, j'ai grande envie de revoir l'élixir des
» grandes Dames. Après lui avoir fait ma cour deux
» ou trois jours aussi, je compte m'acheminer à
» Bitche ; c'est là que je pourrai, le plus sûrement, lui
» demander un mot de tes nouvelles en me l'adressant
» poste restante. Je voudrais bien ne pas me fourrer à
» Paris dans le vacarme des auberges si peu conve-
» nables aux gens de mon état, et si tu pouvais me
» trouver pour un, deux ou trois mois, un pied-à-terre
» entre toi et notre sœur, cela me conviendrait fort,
» fut-il même haut, car je grimpe encore bien et ne
» crains que le bruit. Je n'ai plus avec moi que le
» jeune Joseph, il m'a fallu renvoyer de Brünn,
» Georges qui ne pouvait me suivre, et qui est retourné
» doucement chez moi pour y soigner sa santé. Ainsi,

» une chambre pour moi et un cabinet pour Joseph
» nous suffiraient.

> Revenu des illusions
> Dont je me berçai dans la vie,
> Je n'ai plus guère) d'autre envie
> Que, fuyant les divisions
> Qui sont le coffret de Pandore
> De vivre en bon homme de bien
> Avec ceux que mon cœur adore,
> Et dont le charmant entretien
> Me fera sourire à l'aurore
> Des jours que le Dieu du chrétien
> Daignera m'accorder encore.

A Ratisbonne le 19.

« Je suis arrivé hier soir en bonne santé et je dîne
» chez le comte de Gœrtz. Je viens de voir Mme la
» duchesse d'Alberg qui te dit mille choses ; demain
» je me remets en route. Chaque pas qui me rapproche
» du n° 5 et de ses environs me fait un bien extrême.
» Parle de moi rue Cassette et place du palais
» Bourbon. »

XVII.

A sa rentrée à Paris, la joie de l'abbé de Bombelles
eut été complète, si avec les félicités du moment, il
eût pu retrouver en bonne santé, tous ceux qu'il avait
laissés à son départ. Hélas, cette jouissance ne lui
était pas réservée ! Il courut joyeux à Issy, il en revint
triste et soucieux : Victor était fatigué, souffrant,
pâle, amaigri ; le vieillard ne put se défendre des
plus sombres pressentiments. Quant aux autres
membres de la famille, ils n'avaient point souffert.
Ses deux sœurs l'accueillirent avec des transports de
joie : c'était Mme de Travanet qui habitait Paris, et à
laquelle était adressée la lettre qu'on vient de lire, et
Mme de Louvois, qui tantôt habitait Paris, tantôt de-
meurait à Ancy-le-Franc. Il retrouvait aussi sa fille,
sa chère Caroline, que Mme de Louvois avait élevée
avec toute la tendresse d'une mère.

Pendant quelque temps, l'abbé donna aux affections
de famille tous les instants qu'il put dérober à ses
devoirs ; aussi de novembre 1815 au mois de mars de
l'année suivante, vécut-il comme ignoré de tous :
mais ces jouissances intimes devaient être de courte
durée.

Le duc de Berry et le comte d'Artois, portaient à l'ancien ambassadeur un intérêt trop vif pour avoir oublié les services rendus à leur cause ; tous deux d'ailleurs lui avaient donné leur parole sacrée : « *Comptez sur mon amitié,* » avait dit le duc de Berry, « *S'il m'est donné de servir encore la vertu,* lui écrivait » le comte d'Artois, *je suis à vous sans réserve.* »

Le mariage du duc de Berry avec la princesse de Naples (1) venait d'être décidé, et sous la date du 24 mars 1816, l'*Ami de la Religion*, en annonçant la publication des bans, disait : « La maison de la duchesse est déjà composée : le premier aumônier est M. l'abbé de Bombelles. »

Deux mois s'étaient écoulés depuis sa nomination quand eut lieu à Paris une grande cérémonie dont nous rend compte le même journal.

« Paris. Mardi 28 mai, a eu lieu à saint Sulpice la bénédiction des drapeaux des légions départementales qui font partie de la garnison de Paris. Monsieur et les Princes ses fils se sont rendus sur le parvis, où les troupes les attendaient. Un nombreux clergé a reçu les princes à la porte principale de l'église. Monsieur s'est placé sous le dais, et a été conduit en cérémonie à la place qui lui était destinée. Les officiers des cinq légions entouraient le maître-autel. Après l'office, M. l'abbé de Bombelles, chevalier de

(1) Marie-Caroline petite-fille du roi des Deux-Siciles.

saint Louis, a procédé à la bénédiction des drapeaux. Voici quelques fragments du discours qu'il a prononcé à l'occasion de cette auguste cérémonie :

» C'est un des plus anciens soldats des armées royales de France qui, appelé par la miséricorde de Dieu au service des autels, éprouve, en adressant la parole à Monsieur, ce sentiment d'amour et de respect qu'il grave dans tous les cœurs, qu'il lit dans tous les yeux.... Oui, tout a pris une autre face, et la religion est consolée en voyant dans le même temple, profané par le crime, la belle, l'imposante réunion de guerriers qui viennent rendre hommage au Maître du ciel et de la terre... A peine de nouvelles légions sont-elles formées, que leur premier soin est d'attirer sur leurs drapeaux, les bénédictions célestes.... Vous vous réjouirez désormais, braves soldats, à l'aspect de ces drapeaux, comme le jeune, l'honnête habitant de la campagne, revoit avec allégresse le clocher de son village ; il lui annonce que c'est là qu'est réuni ce qu'il a de plus cher. De même, vous goûtez les charmes de la fraternité militaire, en vous serrant autour de ces drapeaux que vous défendrez courageusement.... Les mains qui attacheront à vos drapeaux ces cravates dont ils vont être ornés, imprimeront sur eux et sur vous le sceau d'une valeur plus sublime encore. Qu'il me soit enfin permis d'ajouter que bien en arrière d'un demi-siècle, moi-même je jurai fidélité aux drapeaux de Louis XV. Grand Dieu qui nous jugez, vous savez si j'ai cru à ce serment, prêté au

Prince et à son auguste postérité ! Comme ministre du Seigneur, je le renouvelle aujourd'hui et l'ancien général français élevé aux fonctions du sacerdoce, après avoir béni les drapeaux qui brilleront toujours avec l'honneur de leur légion, pourra dire comme Siméon : « C'est maintenant, mon Dieu, que vous laisserez mourir en paix votre serviteur, puisqu'en voyant le Roi, et vous voyant, Monseigneur, environné de Princes si dignes de leur père, mes yeux ont vu le salut de la France. »

Les drapeaux bénits ont été remis à chacune des légions et salués par des décharges de mousqueterie et des cris de « Vive le Roi ! » LL. AA. RR. ont parcouru les rangs et adressé aux officiers et aux soldats des paroles pleines de grâce. Les acclamations n'ont point été interrompues pendant la présence des Princes.

Après la cérémonie, les légions se sont rendues au Carrousel. Là, Madame a elle-même attaché à chaque drapeau, une cravate brodée de sa main.

Le 13 juillet 1817, la duchesse de Berry mit au monde une fille qui, ondoyée le jour même par M. l'abbé de Bombelles, mourut le lendemain. Une cérémonie funèbre eut lieu le 16 à saint Denis. Avant que le corps ne fut descendu dans le caveau, M. de Bombelles, comme premier aumônier de Mme la duchesse, prononça un discours qu'il termina par ces paroles : « Mademoiselle régénérée dans les eaux du baptême et qu'aucune imperfection n'a pu atteindre, est désormais l'ange de la patrie, qui, réunie dans le ciel, aux saints de la famille, attirera sur elle et sur nous les bénédictions du Seigneur. »

Les marques d'estime et d'affection que les princes se plaisaient à donner à l'abbé de Bombelles, son titre de premier aumônier de la duchesse de Berry, faisaient facilement supposer qu'il ne tarderait pas à être promu à l'épiscopat. En effet, Mgr Demandolx, évêque d'Amiens, étant mort le 14 août 1817, six jours après, le 20 août, le roi s'empressa de nommer M. de Bombelles pour le remplacer. « Il y avait tout espoir, dit M. Roze (1), que la vacance du siége d'Amiens ne se prolongerait pas au-delà de quelques mois. . . . .
. . . . Mais plus de deux ans devaient s'écouler avant même que celui-ci pût se faire conférer l'onction épiscopale. Ce retard provint des difficultés dans lesquelles jeta l'exécution du Concordat de 1817.»

Aussitôt nommé, M. de Bombelles s'était empressé d'aller offrir ses hommages à M. de Machault retiré dans sa terre d'Arnouville. Pénétré de vénération pour le prélat démissionnaire, il voulait lui demander des conseils sur le gouvernement de son diocèse, et puiser dans son expérience la connaissance des hommes dont il devait bientôt s'entourer. M. de Ma-

(1) L'Eglise d'Amiens de 1734 à 1856.

chault signala à l'attention du nouvel évêque un prêtre dont la vertu égalait le talent : c'était M. l'abbé Dupuis, curé d'Ailly-le-haut-Clocher, que son mérite avait fait nommer député aux Etats-Généraux de 1789.

Un an s'était écoulé depuis cette visite, quand Monseigneur voit entrer chez lui un jeune ecclésiastique qui lui dit que, diacre du diocèse d'Amiens, et arrivé depuis peu à saint Sulpice il a tenu à venir rendre ses devoirs à son évêque. — « Un diacre de mon diocèse, dit le Prélat, en l'embrassant avec bonté, quel bonheur ! Et dès ce moment, devenu le familier de son évêque, l'élève de saint Sulpice, accompagna Monseigneur dans les différentes cérémonies qu'il était appelé à présider.

Mgr de Bombelles ne pouvait puiser à meilleure source ses renseignements sur M. Dupuis. Le diacre était d'Ailly-le-haut-Clocher, il se nommait l'abbé Deroussen. (1)

Puisque nous parlons de l'abbé Deroussen, citons en passant, une anecdote dont il fut le héros.

Monseigneur, suivant sa coutume, avait dit la messe au couvent des Oiseaux, l'abbé la lui avait servie : le prélat et son cher diacre furent invités à déjeuner. Or on était au renouvellement de l'année, et les traditions du couvent voulaient que la supérieure fit à cette époque un cadeau à ses religieuses ; c'était, ordinairement, un cornet de bonbons cachant quelque

(1) C'est le vénérable doyen de Domart-en-Ponthieu (1873).

emblême significatif. En effet, près de chaque couvert, le cornet traditionnel était fidèlement placé. L'abbé se croit oublié et demande tout simplement à la religieuse qui est à ses côtés, la permission de partager avec elle le cadeau mystérieux et sucré. Malheureusement le protégé de Monseigneur ne s'était pas adressé à la plus grave des religieuses du couvent, s'il faut en croire la surprise qui lui était ménagée. Elle brise la première enveloppe ; puis une autre ; le jeune élève de saint Sulpice surveillait l'opération d'un œil affriandé.... La troisième enveloppe est brisée, puis la quatrième, puis la dixième : la curiosité était à son comble. Mais, que cachait donc la dernière enveloppe ?... Il faut bien enfin le dire... une discipline !... L'abbé ne voulait plus partager ; alors Monseigneur, toujours attentif et ingénieux à tirer quelque moralité des choses les plus futiles et les plus indifférentes : « Prenez-la, dit-il, mon cher Abbé, prenez-là, cette discipline ! La discipline, c'est la croix... et la croix c'est la part du prêtre, c'est l'aiguillon qui stimule l'indolence et qui vous empêchera de vous décourager jamais. »

Mais, hâtons-nous de reporter nos regards sur les actes sérieux du Prélat.

———————

XVIII.

Après avoir glorieusement fourni cette triple carrière militaire, diplomatique et sacerdotale, M. de
Bombelles, aurait pu consacrer à un repos légitime-
ment acquis les deux années d'attente qu'exigea l'éla-
boration du Concordat, et borner son rôle actif aux
quelques cérémonies d'apparat où l'appelait sa fonc-
tion d'aumônier.

Mais il fallait à son zèle, à son infatigable activité
autre chose que l'éclat des cérémonies ; il lui faut des
œuvres. Il donna son temps, ses soins, et ses sympa-
thies à l'œuvre des Savoyards. Rien ne lui parut plus
digne de sa sollicitude que l'éducation morale et religieuse de ces pauvres enfants enlevés prématurément
à la tendresse de leurs mères, et confiés à des maîtres
souvent impitoyables qui exploitent leur travail et ne
leur jettent qu'à regret le morceau de pain qui doit les
nourrir.

Il sait qu'abandonnés, perdus dans la grande capitale, ils y trouveront demain des dangers plus terribles que la misère. Aussi, dit l'Ami de la Religion (1),

(1) Tome 27, page 388.

Monseigneur s'intéressa-t-il spécialement à cette bonne
œuvre. Même dans le cours de son épiscopat, il re-
viendra volontiers à Paris présider la cérémonie de
la première communion de ces enfants : ainsi notam-
ment, au mois de mai, dans sa soixante-dix-huitième
année, quelques semaines avant de reprendre le cours
de ses visites pastorales. « Le jeudi 10 mai 1821 (1),
soixante jeunes savoyards ont fait leur première communion dans l'église des missions étrangères : ils
étaient accompagnés à la sainte table par un assez
grand nombre de leurs camarades qui s'en approchaient
pour la séconde fois. Avant et après la communion,
Mgr l'évêque d'Amiens qui officiait, a fait aux jeunes
communiants, de pieuses exhortations sur la grandeur du sacrement et les dispositions qu'ils doivent y
apporter. (2). »

Inutile de dire que Monseigneur voyait souvent
Victor. Si au commencement il put croire ses pressentiments exagérés, bientôt il ne lui fut possible de s'il-
lusionner ; son fils allait succomber à une de ces
maladies de consomption fatalement mortelles. Bientôt
le malade ne pouvant plus quitter sa couche doulou-

(1) Tome 28, page 20.

(2) M. de Bombelles s'intéressait également à l'œuvre des
jeunes prisonniers. Le 1er août 1819 jour de saint Pierre-aux-liens,
fête patronale de leur maison de refuge. Monseigneur, officia fit
faire la première communion à plusieurs d'entre eux et leur
adressa les exhortations les plus paternelles. (*Ami de la Religion*).

reuse, il fallut songer à lui administrer les derniers
sacrements. Sans aucun doute, il y avait à Issy des
prêtres, dignes à tous égards de préparer le jeune
homme au grand passage, mais le courageux évêque
ne voulut confier à personne le soin de disposer son
cher Victor à mourir. Il va donc prendre l'abbé Deroussen à saint Sulpice et le priant de l'accompagner,
lui fait part de sa résolution.

C'est à M. l'abbé Deroussen lui-même que je dois
les détails qui vont suivre : sa mémoire fidèle a tout
gardé. « Chemin faisant, dit le narrateur, je sentais les
efforts que faisait l'infortuné père pour dominer son
émotion. Mais une fois dans la chambre du malade, comme si le représentant de Jésus-Christ avait
tout à coup pris la place du père, M. de Bombelles ne
fut plus le même homme. La religion fit taire la nature.
» Mon fils, lui dit-il en l'embrasssant tendrement, je
» t'ai vu dans ton berceau, tu me souriais alors, je te
» vois maintenant sur ce lit de douleur, et tu souffres ;
» mais tu souffres pour ton Dieu. Courage, mon fils !
» aujourd'hui la souffrance, demain la gloire. La
» gloire, tes aïeux l'ont conquise autrefois sur le
» champ de bataille ; gloire hélas ! bien éphémère ;
» par la résignation tu vas conquérir une gloire éter-
» nelle. » et continuant sur ce ton, le prélat dit les
choses les plus attendrissantes. Il semblait que l'excès
de sa douleur ajoutait à son éloquence habituelle. En
lui faisant les onctions sur les yeux, il lui dit :
« *Ferme les yeux, mon enfant, sur les vanités de*

» *ce monde ; ouvre-les aux douces espérances du*
» *Ciel.* »

Inutile d'ajouter qu'au sortir de la chambre la nature reprit ses droits. La maladie suivit son cours, le pieux séminariste succomba. Sa mort fut celle du juste. Les sentiments du fils consolèrent le père qui, se relevant de la tombe qu'il avait arrosée de ses » larmes, dit avec Job : *Dieu me l'avait donné, il me* » *l'a ôté, que son saint nom soit béni.* »

Pour ne point nous appesantir sur des détails trop minutieux nous ne suivrons pas M. de Bombelles dans les différentes cérémonies, où il figure en qualité d'aumônier de la duchesse de Berry. Nous arriverons de suite à ce qui intéresse directement la situation faite au Prélat par les négociations du Concordat.

Le gouvernement qui retenait les bulles, ne voulut point cependant laisser sans secours les évêques nommés en vertu du Concordat de 1817. Il leur fut alloué, en 1818, une somme de 5,000 francs sur les fonds du ministère de l'intérieur, destinés au clergé. En 1819, une somme pareille leur fut accordée, sur le budget du même ministère, à titre du traitement provisoire.

Pour en finir avec le Concordat, nous n'avons rien de mieux à faire que de citer M. Roze.

» Dans le Consistoire du 23 août 1809, Pie VII annonçait au Sacré Collége, d'après une communication du gouvernement français, que les charges du

royaume de France n'avaient pas permis l'établissement de quatre-vingt douze siéges épiscopaux : et que
d'autres empêchements s'étaient opposés à l'exécution
de la Convention du 11 juin 1817. Des mesures tempo-
raires devaient être prises afin de remédier, le plus tôt
possible, aux maux dont les églises de France, privées
de la présence de leur pasteur, étaient actuellement
affligées. Deux jours après, le Souverain-Pontife adressait à l'archevêque de Bordeaux et aux autres évêques
institués avant le 11 juin 1817, un bref, par lequel ils
sont avertis de conserver et exercer leur autorité épiscopale dans toute l'étendue de leur diocèse et avec
les mêmes rapports métropolitains et diocésains, tel
que le tout existait avant le dit jour. Ce bref reçu
par le Gouvernement fut transmis à·chacun de ceux
qu'il concernait, dans une ordonnance du 15 septembre 1819, où il est constaté que la bulle de cir-
conscription donnée à Rome (1) n'est point reçue dans
le royaume. »

Voici la déclaration des Cardinaux, Archevêques et
Evêques de France.

» Nous soussignés, Cardinaux, Archevêques et
» Evêques, après avoir lu, avec la plus respectueuse
» attention, le Bref de N.-T.-S. Père le Pape Pie VII,
» à nous adressé, en réponse à la lettre que nous

____

(1) Le 28 juillet 1817.

» avions écrite à Sa Sainteté le jour de la Pentecôte,
» 30 mai 1819, et par laquelle nous l'avions priée de
» se rendre, dans les difficiles circonstances où nous
» nous trouvions, l'arbitre, le conciliateur et le mé-
» diateur que nous avions choisi, auquel nous nous
» étions confiés, et dont l'avis, la décision et le juge-
» ment devaient faire notre force, notre sûreté et notre
» consolation, gémissant sur le malheureux état où se
» trouve l'église de France, sur la viduité d'un grand
» nombre de ces siéges, sur les retards qu'ont
» éprouvés jusqu'à ce jour la publication et l'exécution
» des conventions passées en 1817 entre le Souverain-
» Pontife et le Roi très-chrétien ; désirant pourvoir
» au salut des fidèles et, autant qu'il est possible,
» écarter tout prétexte de rompre l'unité catholique ;
» nous confiant en la parole royale de Sa Majesté ;
» concevant de son amour pour la Religion l'espoir
» d'un prompt et meilleur avenir qui doit résulter de
» l'état stable et définitif, promis d'une manière posi-
» tive et solennelle ; le saint Nom de Dieu invoqué ;
» avons unanimement résolu d'adhérer, comme nous
» déclarons adhérer pleinement aux mesures provi-
» soires que Sa Sainteté a cru devoir être adoptées, et
» qu'elle nous a fait connaître par sa lettre devoir
» bientôt adopter pour apporter quelque remède tem-
» poraire aux maux pressants de l'église de France.
» C'est pourquoi nous invitons, exhortons et conjurons,
» en Notre-Seigneur Jésus-Christ, le Clergé et les
» fidèles des diocèses de France, de demeurer à notre

» exemple étroitement unis sous cette règle provisoire
» de discipline, les avertissant qu'ils ne pourraient
» s'en écarter pour quelque cause que ce soit, sans
» rompre les liens de l'unité, et sans abandonner la
» voie du salut.

» A Paris, le 13 septembre, de l'an de Notre-
» Seigneur 1819. »

Suivent les signatures des Cardinaux, Archevêques
et Evêques de France.

Mgr de Bombelles ne se contenta pas seulement de
signer cette déclaration avec ses collègues dans l'Episcopat. Il s'empressa de l'adresser aux vicaires capitulaires du diocèse d'Amiens avec recommandation expresse de la publier. A cette occasion, les vicaires
capitulaires adressèrent la circulaire suivante (*sede va-
cante*) aux curés et desservants des diocèses d'Amiens,
de Beauvais et de Noyon.

Amiens le 29 septembre 1819.

Messieurs,

« Nous recevons à l'instant une lettre de Mgr de
» Bombelles qui nous recommande de publier la dé-
» claration de NN. SS. les Evêques de France, au
» sujet des derniers arrangements conclus par Sa
» Sainteté le Pape VII, et Sa Majesté le Roi très-

11

» chrétien, jusqu'à ce que les circonstances permettent
» l'exécution du nouveau Concordat. Vous y obser-
» verez, Messieurs, la déférence et la soumission de
» ces vertueux Prélats à la volonté des deux puissances
» dont l'accord ne doit laisser dans l'esprit des prêtres
» et des fidèles, aucun doute sur la légitimité de
» l'ordre provisoirement établi, et sur l'obligation où
» nous sommes tous de le regarder comme l'ordre de
» Dieu, suffisamment manifesté par la décision du
» Père et du Fils aîné de l'Eglise, ainsi que par
» l'adhésion de tous les Evêques, de ceux-là même
» dont les mesures adoptées contrarient les intérêts
» personnels.

» C'est donc pour vous un devoir, Messieurs, en
» faisant connaître à vos ouailles cette déclaration
» mémorable du corps épiscopal, de leur inspirer les
» sentiments d'obéissance, de respect et d'amour dus
» au saint Pontife qui paraîtra bientôt au milieu de
» nous, en qualité d'évêque d'Amiens, et d'Adminis-
» trateur des diocèses de Beauvais et Noyon, pour
» sécher nos larmes, pour exercer les fonctions de
» son sublime ministère, pour nous tracer la voie
» du salut, et nous y introduire par ses discours et
» ses exemples.

» Agréez, Messieurs, l'assurance de nos sentiments
» aussi sincères que respectueux.

» Signé : Cottu et Fournier,

Vicaires gén. capitulaires.

Préconisé dans le Consistoire du 23 août 1819, Marc-Marie de Bombelles dont l'institution canonique avait été publiée par une ordonnance royale datée du 15 septembre, fut sacré le 3 octobre.

Voici en quels termes, l'*Ami de la Religion* rend compte de cette cérémonie.

» Le dimanche 3 octobre, MM. de Bombelles évêque d'Amiens, et Saussol évêque de Séez ont été sacrés dans la chapelle des Sœurs de la Charité, rue du Bac. Le prélat consécrateur, M. de Coucy (Jean-Charles), archevêque de Reims, était assisté de M. Le Blanc de Beaulieu, évêque de Soissons, élu archevêque d'Arles, et de M. Mannay, ancien évêque de Trèves, nommé à l'évêché d'Auxerre. Plusieurs évêques, curés et ecclésiastiques étaient présents, ainsi que Mme la duchesse douairière d'Orléans, Mme la duchesse de Bourbon, et des parents et amis des nouveaux prélats. La chapelle qui n'est pas très-grande, avait été disposée avec beaucoup d'ordre et de goût par les sœurs, et des gradins avaient été établis dans les côtés pour procurer un plus grand nombre de places. Ces pieuses filles contribuaient par leur recueillement à la beauté de la cérémonie et mêlaient avec ferveur leurs prières à celles de l'Eglise. »

Le mercredi 6 octobre, ces prélats prêtèrent serment de fidélité dans la chapelle des Tuileries suivant la formule anciennement en usage ; les Evêques ayant la main droite sur les Evangiles, et la main gauche dans celle du roi.

Vers le même temps, Mgr de Bombelles maria sa fille Caroline, avec le vicomte de Castéja. Le contrat est du 3 juillet 1819.

On trouvera aux pièces justificatives des détails intéressants sur ce mariage (P. J. n° 8).

XIX.

Parti de Paris, Monseigneur s'arrêta à Moreuil chez
M. le marquis de Rougé, pair de France, et y passa
la nuit. Le lendemain 14, le prélat arriva à Amiens et
descendit à Saint-Acheul où il célébra la messe sur le
tombeau de saint Firmin (1). A dix heures, Monseigneur se rendit à la porte de la ville, et y fut reçu
par un nombreux clergé que présidait M. Duminy,
curé de la Cathédrale : celui-ci adressa un discours
au nouveau prélat et le conduisit jusqu'à l'entrée de

(1) On lit dans les *Annales inédites du Petit-Séminaire de Saint-
Acheul* T. 1 : L'année scolaire 1819-1820 venait de s'ouvrir, quand
le nouvel évêque parut dans le diocèse. Ses deux derniers prédécesseurs avaient repris la pieuse coutume, autrefois suivie par
les évêques d'Amiens, de venir avant leur installation prier au
tombeau de saint Firmin, apôtre de cette ville, et y puiser l'esprit
apostolique si nécessaire au premier pasteur d'un grand troupeau.
Fidèle à cette sainte pratique, M. de Bombelles nous fit prévenir
de son arrivée pour le 13 octobre et du désir qu'il avait de célébrer
la sainte Messe, sans pompe, dans notre église. Après avoir mis
sous la protection de l'apôtre d'Amiens les prémices de son épiscopat, le prélat monta en voiture, prenant avec lui le vice-recteur,
et le ministre de Saint-Acheul ; ils l'accompagnèrent à la Cathédrale, où on l'intronisa d'une manière solennelle.

la Cathédrale où le Chapître l'attendait. Ayant baisé la croix et reçu, avec l'encens, les compliments du doyen, le vénérable prélat s'avança jusqu'au sanctuaire où il prit place sur son siége. Alors M. Clausel de Coussergues, vicaire-général, délégué pour l'intronisation par le cardinal-archevêque de Paris, métropolitain, lui adressa un nouveau discours de félicitation auquel Mgr de Bombelles répondit avec cette aisance et cette bonté qui lui sont si naturelles. Après le *Te Deum*, le vertueux pontife fut conduit dans son palais avec une pompe que relevait encore la présence de M. le Préfet et de MM. les conseillers de Préfecture, des députés des diverses Cours, de M. le Maire suivi des adjoints, des détachements de la garde nationale et de la garnison, enfin d'une réunion brillante de tout ce que la ville offre de plus recommandable ; ce jour a vraiment été un jour de triomphe pour l'Eglise d'Amiens, de joie pour un peuple nombreux (1).

Discours adressé à Mgr de Bombelles, Evêque d'Amiens, au moment de son intronisation, le 14 octobre 1819, par M. l'abbé Clausel, vicaire-général.

Monseigneur,

» Une longue attente, de pénibles incertitudes n'avaient pu ralentir nos désirs, ni déconcerter nos espérances. Chaque jour qui s'écoulait, rapprochait, dans notre pensée, l'heureux jour où votre présence devait

(1) *Ami de la Religion.*

enfin consoler cette église veuve et cicatriser la plaie profonde que la mort de votre prédécesseur immédiat fit à nos cœurs. Chaque jour aussi nous apportait de nouveaux, de précieux témoignages sur cette vie chrétienne qui, dans la carrière des armes, dans la diplomatie, à la Cour, dans les camps, conciliait à vos vertus, à vos qualités personnelles, le respect commandé par vos nobles fonctions et par vos dignités.

» Dans ces positions diverses, la religion vous trouva constamment le même, Monseigneur ; elle fut l'âme de toutes vos actions : elle prêtait à votre autorité son empire, a votre esprit ses lumières, à votre parole sa persuasion ; elle se faisait sentir jusque dans cette humeur douce et enjouée que n'altérèrent jamais les occupations les plus graves, ni les plus rudes épreuves.

» A cette époque où, sous prétexte de donner au Trône une base plus régulière et plus ferme, de perfides novateurs en sapaient les fondements, un coup d'œil sûr, une conscience que rien n'abuse, d'invariables principes, vous préservèrent de tout acte de faiblesse, de toute démarche désavouée par une loyauté scrupuleuse. Le sacrifice d'une ambassade qui entraînait pour vous tant d'autres sacrifices, montra, dans ces circonstances fatales, que vous saviez tout perdre, hors l'honneur. Vous vîtes en effet, sans être abattu, l'instabilité, le néant des dignités du siècle et l'illusion de ses fugitifs enchantements. On ne vous entendit point exhaler d'inutiles regrets sur une fortune évanouie et sur la perte d'un rang que le mérite autant que la naissance vous avait assigné.

» Mais que de pleurs vous fit répandre la sanglante catastrophe de la royale famille dont vous n'avez cessé d'être l'un des serviteurs les plus fidèles. A quelles mortelles angoisses, à quelle douleur amère, votre cœur ne fut-il pas livré par la fin tragique de cette vierge auguste, de cette céleste princesse qui, dans ce que vous aviez de plus cher, vous honorait de son affection, vous comblait de ses faveurs ! Dès lors, la Patrie couverte de deuil perdit à vos yeux tous ses attraits. Vous n'aimiez que vos larmes, que votre volontaire exil ; et lorsqu'après tant de liens brisés, d'autres nœuds plus étroits encore furent rompus, vous ne différâtes point à vous consacrer au Seigneur sans partage.

L'homme du monde, le guerrier se transforme en un humble lévite. Celui qui avait connu la pompe des Cours, qui était initié dans les relations des Princes, ne cherche désormais que l'obscurité des derniers rangs du sanctuaire. Tout entier, Monseigneur, aux études, aux exercices préliminaires du ministère divin, vous ne fîtes que donner un nouvel objet à ce goût pour les lettres, pour le travail, auquel vous deviez déjà tant de connaissances, et bientôt une pénétration vive, un zèle ardent pour le salut des âmes, vous ouvrirent tous les trésors de la science ecclésiastique. Ah ! tandis que, uniquement occupé des devoirs du sacerdoce, vous évangélisiez les pauvres sur une terre étrangère, tandis que de simples villageois se félicitaient de trouver dans un ancien ambassadeur un Pasteur aussi laborieux que modeste, l'adorable Providence, Monseigneur, vous préparait à votre insu, à remplir un jour les fonctions apostoliques, au milieu d'un peuple qui saurait d'autant mieux apprécier vos travaux, que vos titres à sa confiance, à sa vénération, lui seraient plus connus.

» Le siége épiscopal dont vous prenez en ce moment possession, ne jouissait pas de ces grandes prérogatives attachées autrefois à certains siéges illustres qui formaient un rempart sacré autour du Trône ; mais l'attention toute particulière que nos rois apportèrent toujours dans le choix des évêques d'Amiens, voilà notre vrai privilége. Quel plus heureux gage des grâces réservées à votre épiscopat et des fruits abondants que nous devons en attendre !

» Plaise à la bonté divine, Monseigneur, de vous accorder la longue carrière des *Lamotte*, des *Machault*, dont l'un, après avoir atteint sa quatre-vingt-treizième année, laissa dans ce diocèse une mémoire si révérée, et dont l'autre, parvenu à sa quatre-vingt-deuxième, obtiendra, nous l'espérons, d'aussi longs jours en faveur de tant de malheureux qui subsistent par ses bienfaits. Puissiez-vous, Monseigneur, voir l'Eglise de France surmonter les nombreuses causes de dépérissement qui la minent et se relever, comme miraculeusement, de cet état de langueur et de détresse, qui semblerait présager son extinction prochaine. Ah ! ils sont bien étrangers ou bien indifférents au sort de l'Eglise Gallicane, ceux qui, dans sa situation présente, trouvent leurs désirs satisfaits et ne hâtent point, par leurs vœux, l'entier accomplissement des divines miséricordes sur cette Eglise trop longtemps désolée. La métropole de la Capitale reprenant son ancien ascendant et tout son lustre, excite, au milieu de l'approbation universelle, une légitime et sainte jalousie de la part des diocèses moins favorisés. La joie que nous ressentons de l'inestimable avantage qui nous est commun avec elle, ne doit pas nous rendre sourds aux pieux gémissements des peuples qui soupirent encore après ce bonheur.

» Daigne celui qui fait fléchir à son gré toutes les résistances, qui brise, quand il lui plaît, toutes les entraves, daigne le Dieu tout-puissant répandre incessamment en tous lieux les mêmes consolations, en y réalisant les mêmes espérances.

« O vous qui êtes les anciens de la milice sainte, vénérable Chapitre de cette antique Cathédrale, vous partagez la vive sollicitude de notre Pontife pour tout ce qui intéresse le bercail du souverain Pasteur de nos âmes : mais vous seconderez surtout ce zèle si actif, si industrieux, si fécond, qui va susciter de toute part des ouvriers évangéliques, pour donner enfin des secours, des soins assidus, à tant de paroisses abandonnées.

» Oui, Monseigneur, nous puiserons tous une nouvelle ardeur dans la vôtre : un dévouement absolu ne nous permettra point de nous décourager à votre suite : et si le poids des tribulations venait à nous faire chanceler, votre généreux exemple, ranimant nos forces, nous ferait vaincre tous les obstacles. »

Le jour même de son installation, Monseigneur organisait tout son personnel administratif et nommait aux charges de son Chapitre :

Vicaires généraux.

MM. CLAUSEL DE COUSSERGUES (Michel-Armand), résidant à Beauvais.

DUMINY (Victor-Alexandre).

DUPUIS (Antoine).

Secrétariat de l'Évêché.

MM. DEBERLY, Chanoine, Secrétaire général de l'évêché.

CLABAULT, Secrétaire particulier.

Chapitre de la Cathédrale.

MM. CLAUSEL DE COUSSERGUES, Vicaire général, Archidiacre de Beauvais.

DUMINY, Vicaire général, Archidiacre d'Amiens et Curé de la Cathédrale.

DUPUIS, Vicaire général, Archidiacre d'Abbeville.

ROSE, Dignitaire Prévot.

COTTU, Dignitaire Pénitencier.

VOCLIN.

VERGEZ, Official.

LEJEUNE, Secrétaire du Chapitre et Préchantre.

MM. Gorin.

Fournier.

Decoisy, Théologal.

Dewailly, Supérieur du Séminaire.

Deberly. »

Aussitôt que le Prélat eut donné ses premiers soins à l'organisation administrative, il voulut payer une dette du cœur en célébrant pontificalement, en présence de toutes les autorités de la Ville, la messe anniversaire de la mort de madame Elisabeth de France. Il est à croire que l'amie d'enfance de la sœur de Louis XVI, Mme de Bombelles, ne fut pas oubliée et que celles qu'une douce amitié avait si étroitement unies pendant la vie se confondirent encore dans le souvenir de la mort.

Le lendemain, dimanche 14 octobre, Monseigneur voulut célébrer son intronisation en officiant pontificalement. « Il est impossible, dit le *Journal du département de la Somme* (1), de raconter, avec assez de vérité, toute la pompe religieuse de cette fête, où s'est trouvé un concours prodigieux de fidèles, qui ne pouvaient se lasser de contempler un prélat si recommandable par tant de brillants souvenirs et d'éminentes vertus. Après vêpres, M. l'abbé Letourneur, qui doit prêcher l'Avent devant le roi, et qui a été installé ce même jour chanoine honoraire d'Amiens, est monté en chaire et a prêché, sur le sacerdoce, un sermon

(1) Samedi 23 octobre 1819.

digne de sa haute réputation comme orateur chrétien. Nous avions déjà eu la consolation d'entendre de lui, le jour de saint Firmin, un très-beau discours sur le zèle. La meilleure réponse que nous puissions faire aux journaux d'un certain parti, qui ont dénaturé ce discours pour en plaisanter, est de leur apprendre que M. l'abbé Letourneur a vu de nouveau réunies pour l'écouter, plus de douze mille personnes qu'il a remplies d'admiration. Le titre qui l'attache à ce diocèse nous fait espérer de l'entendre encore par la suite. »

A l'occasion de sa prise de possession et de son installation, Mgr de Bombelles donna la lettre pastorale suivante :

Lettre pastorale de Mgr de Bombelles, évêque d'Amiens, à l'occasion de sa prise de possession et de son installation.

Marc-Marie de BOMBELLES, par la miséricorde divine et la grâce du Saint-Siége apostolique, Evêque d'Amiens, premier Aumônier de S. A. R. Mme la duchesse de Berry, Commandeur, Chevalier des Ordres de saint Lazare de Jérusalem, du Mont-Carmel et de saint Louis.

Au Clergé et aux Fidèles de notre Diocèse,
Salut et Bénédiction en Notre Seigneur Jésus-Christ.

» Que les jugements de Dieu sont incompréhensibles, Nos Très-Chers Frères ! que ses voies sont impénétrables ! Soixante ans se sont écoulés depuis que, vivant dans ce Diocèse, j'unissais mes hommages à ceux que de braves militaires, mes compagnons, s'empressaient de rendre à l'un de vos Evêques les plus distingués. En franchissant avec vénération le seuil de son Palais, pouvais-je jamais penser que la Providence en ferait un jour ma demeure et que je serais le successeur de cet illustre De La Motte dont le nom réveille toujours de si beaux et de si intéressants souvenirs ?

» Je ne pouvais pas me flatter davantage de remplacer ici un autre Prélat qui, du fond de sa retraite, ennoblit chaque jour sa respectable vieillesse, en portant sans cesse des secours et des consolations aux ouailles dont il fut chéri. (1)

» Temple de saint Firmin ! Monument auguste que son antique beauté garantit des outrages et de la destruction qui furent le sort de tant d'autres édifices sacrés, il est donc vrai que Dieu a permis que j'entrasse dans votre enceinte, à la suite de tant de saints Pontifes. Pourrais-je ne point m'écrier : « *Comment acquitter ma reconnaissance envers le Seigneur ? mes actions de grâces auront-elles jamais quelque proportion avec ses bontés ineffables ?* (2).

» Après une pénible attente, il m'envoie enfin où, depuis longtemps, toutes mes pensées et mes affections me

(1) Mgr de Machault.
(2) *Quid retribuam Domino pro omnibus quæ retribuit mihi.*

portaient. Le Ciel m'associe aux travaux d'un Clergé d'autant plus recommandable qu'exposé durant tant d'années à de terribles combats, il entretint sans relâche le feu divin que Jésus-Christ apporta sur la terre. Un zèle ardent, une foi vive le préservèrent d'un naufrage presque général.

» Tout ici m'apprend que la voix de ces Ministres du Seigneur ne cria point dans le désert. Un bon peuple l'écouta et marcha dans les sentiers du salut d'un pas aussi ferme que les Pasteurs mêmes qui étaient ses guides. Rien ne pénètre, rien n'élève l'âme comme l'amour de Dieu. Lorsque, sur la surface de la France, le crime dévouait à ses fureurs les têtes les plus innocentes et les plus révérées, quel est le malheureux qui dans la cité d'Amiens ne trouva pas un réfuge ? Cette ville hospitalière sut accueillir, adoucir toutes les infortunes. Le berceau de la Monarchie fut l'asile des amis du trône. Ici, plus qu'ailleurs, le souvenir des royales vertus ne put être effacé. Ce diocèse, favorisé du Ciel, ne cessa point d'adorer son Dieu, en rappelant son Roi et sa famille.

» Par quelle grâce privilégiée la divine Providence me ramena-t-elle des contrées étrangères, de la terre d'exil, pour me placer à la tête d'un tel Diocèse ? Mais, reconnaissant combien je suis indigne d'une si grande faveur, quel doit être mon effroi à la vue du redoutable fardeau de l'Episcopat. Eh ! Qui suis-je, ô mon Dieu, pour annoncer et faire fructifier votre Evangile, comme s'acquittèrent de ce devoir mes saints prédécesseurs. Chers enfants, avant d'entendre mes conseils, vous qui ne serez point sourds à ma voix, accordez-moi vos prières.

» Je les demande à ces prêtres du Seigneur dont la foi et les lumières leur donnent autant de droit à mon estime que leur bienveillance fait d'impression sur mon cœur. Je les demande ces prières, à ces vierges qui, séparées du monde par le choix d'une vocation sainte, élèvent jour et nuit vers le Seigneur les chants d'une céleste harmonie. Je les demande ces prières, aux jeunes Lévites, l'espérance du sanctuaire, ainsi qu'aux vieillards du Sacerdoce qui voient avec attendrissement se ranimer dans ces précieux rejetons la ferveur et le zèle des plus beaux jours de l'Eglise. Je ne sollicite pas moins le concours des prières de toutes les classes d'une société dont j'ai si à cœur d'être le lien. Ce peuple chrétien a fait éclater sa joie en me voyant recevoir des mains d'un vénérable Chapître le bâton pastoral que portait si dignement mon pieux et zélé prédécesseur ; qu'il me serve à guider mon troupeau avec autant de succès, que j'ai le désir de lui être utile ! J'oserai donc lui dire avec l'Apôtre : *Quel est le faible qui ne trouve en moi un appui ? Qui souffrira, sans que je ne cherche à adoucir son mal? Qui sera affligé, sans que je ne m'efforce d'être sa consolation ?* (1).

» Vous tous, nos Très-Chers Frères, vous serez celle

(1) 2 Ep. Cor. C. 11-29.

de ma vieillesse, si vous aimez Dieu, si vous chérissez le Roi, sa plus auguste image sur la terre, et si, fermant l'oreille aux fausses et malignes suggestions, vous reconnaissez tous, qu'en s'éloignant de la loi de Dieu, notre Patrie vit fondre sur elle les plus affreuses calamités. Tant de maux enfantés par une science orgueilleuse ne trouvent de remède que dans la sublime simplicité de la loi de Jésus-Christ. C'est là, nos très-chers Frères, que l'enfance et l'homme de tous les âges puisent ces divines leçons d'où découlent la prospérité des états, le bonheur des familles et cette paix de l'âme qui est ici-bas une anticipation de l'immortelle joie des élus.

» Sera la présente Lettre pastorale lue et publiée au Prône de toutes les Eglises paroissiales de notre diocèse.

» Donné à Amiens, en notre Palais épiscopal, sous notre seing, notre sceau, et le contre-seing de notre Secrétaire, le 16 octobre 1819.

† MARC-MARIE, Evêque d'Amiens.

Par Mandement de Monseigneur

DEBERLY, Chan. Secrét. gén. »

Passant un jour devant Saint-Acheul, le Prélat dit à l'un de ses familiers : « Je suis glorieux de posséder un si bel établissement : il renferme l'espoir et l'avenir

de la France. » Depuis longtemps Monseigneur aimait
les Jésuites ; même avant d'être élevé à l'épiscopat, il
avait eu occasion de connaître la Compagnie ; il savait
ce qu'elle renferme d'hommes, non moins éminents
par la science que par la piété. C'est ce qui fait mieux
comprendre encore la joie qu'il éprouve en voyant
établie dans son beau diocèse une maison qui ne renferme pas moins de six cents élèves.

Le 27 octobre, Mgr de Bombelles honora son petit
Séminaire d'une visite pastorale, à la prière du P. Loriquet (1), qui le complimenta sur le seuil du temple :
« Monseigneur, lui dit le supérieur, une fois déjà vous
avez paru dans cette église, et c'était votre piété qui
vous y amenait : vous veniez offrir à Dieu les prémices
de votre épiscopat dans ces mêmes lieux d'où la
lumière de la foi s'étendit sur toute la contrée, au tombeau même du premier et du plus saint de vos prédécesseurs. Aujourd'hui vous y paraissez de nouveau,
Monseigneur, et ce n'est plus seulement votre piété,
c'est encore votre charité, votre bonté paternelle
qui vous y amène.

» Vous savez que le bon pasteur ne néglige aucune
de ses brebis, aucun de ses agneaux, et que les plus
petits, les plus faibles trouvent place dans son cœur.
Image du bon pasteur, vous vous abaissez jusqu'à eux ;
vous daignez les visiter. Saint Firmin quand il vint

____

(1) Vie du P. Loriquet. *Annales inédites de Saint-Acheul,* t. 1.

visiter leurs pères ne trouva que des peuples idolâtres,
il eut à se former un troupeau fidèle, il eut à changer
des loups en agneaux, et son zèle lui coûta la vie. Ici,
Monseigneur, vous ne verrez plus d'infidèles, vous
trouverez des enfants dociles à la foi qu'ils ont héritée
de leurs aïeux, des enfants qui, depuis longtemps, gé-
missaient de l'absence de leur premier pasteur, et qui
ne cessaient de l'appeler par leurs vœux. Vous y
trouverez, Monseigneur, l'espérance d'un grand nombre de familles chrétiennes, une heureuse réunion de
jeunes élèves, qui, croissant désormais à l'ombre de
vos ailes, ne craindront plus que l'impiété vienne les
arracher de cet asile. Ils deviendront, j'ose l'espérer,
pour la société, des citoyens utiles dans toutes les
conditions ; pour l'Eglise, des ministres fidèles, et
pour vous, Monseigneur, des coopérateurs zélés, qui,
éclairés par vos leçons et soutenus par vos exemples,
iront bientôt entretenir le flambeau de la foi dans ce
grand diocèse, et feront un jour votre consolation,
votre gloire et votre couronne. Je ne parle pas de
ceux à qui la divine Providence a confié le soin de
diriger leurs premiers pas dans la carrière de la vie
ou plutôt de la vertu. Déjà comblés de vos bontés,
Monseigneur, quand même la reconnaissance ne leur en
ferait pas un devoir, ils s'estimeraient encore heureux
de pouvoir, à la suite du respectable clergé de ce
diocèse, être admis à travailler sous vos ordres à la
sanctification de cette précieuse partie du peuple fidèle,
et jamais ils ne cesseront de donner à cette chère

jeunesse des exemples de dévouement, de respect et
de vénération pour le pasteur que le ciel vient de leur
envoyer dans sa miséricorde. Mais c'est trop longtemps
arrêter vos pas. Entrez, Monseigneur, dans ce sanctuaire où reposèrent durant tant de siècles les restes
sacrés de son Apôtre, et que la présence d'un bon père,
au milieu d'une famille qui le chérit, fasse de ce jour
tant désiré, un jour de joie, de paix et de bénédiction ! »

Lorsque les classes, tour à tour, complimentèrent
Mgr de Bombelles, en latin, en français, en prose, en
vers, le P. Loriquet, pendant que chaque élève parlait,
indiquait à voix basse au prélat, le trait caractéris-
tique du talent, ou de l'esprit, ou du cœur, ou de la
naissance qui distinguait le jeune orateur. C'en fut
assez pour que l'évêque répondit à chaque élève avec
autant de grâce que d'à-propos.

XX.

Par l'*Ordo* de 1820, Monseigneur adressa deux avis
à son clergé : le premier sur les informations concernant les empêchements de mariage, le second sur les
Fabriques.

Pour ce qui concerne les empêchements de mariage,
après s'être plaint de certaines négligences de la part
des curés, il dit :

» En principe général et dans l'exacte discipline,
tout ce qui tient aux mariages regarde directement
M. l'Official. Cette règle, autrefois universelle dans
l'Eglise, paraîtrait peut-être aujourd'hui exclusive.
Pour en adoucir l'apparente rigueur et commencer
notre Episcopat par des actes d'indulgence, voici la
marche simple et douce, mais invariable, que notre
condescendance vous indique et vous trace. »

» Dans toutes les villes du diocèse, les curés et desservants feront les informations nécessaires, chacun
dans les limites de sa juridiction. Dans les campagnes,
MM. les curés de canton sont chargés exclusivement
de toutes celles de chaque paroisse de leur canton. »

Il termine, après quelques sages recommandations,
en appelant toute la sollicitude de ses curés sur un objet

si important ; leur négligence les rendrait responsables devant Dieu des suites fâcheuses que pourraient entraîner les erreurs et le retard.

Au sujet des Fabriques, il s'exprime en ces termes :

« La détresse des Fabriques appelle mes premiers soins. Je regarde comme un de mes principaux devoirs de veiller à l'entretien et à la décoration des Eglises. Sans culte extérieur, le germe de la religion se dessèche.

» Dans le dépouillement qui désole nos Eglises, j'invoque avec confiance le zèle de MM. les Curés, qui doit s'agrandir en proportion des besoins qu'elles éprouvent.

» Les revenus des Fabriques ne peuvent aujourd'hui se composer que du recouvrement des rentes et fondations, de la location des bancs, et d'un droit sur le produit des frais d'inhumation. Plus ces ressources sont faibles, plus elles exigent dans les circonstances, de diligence à ne pas les laisser échapper.

» Nous exhortons — un terme moins radouci nous coûterait trop — nous exhortons, dis-je, de toutes nos forces, nos chers collaborateurs à remplir avec autant de fermeté que de célérité, cette triple tâche. La négligence de beaucoup, et la mollesse de presque tous ont malheureusement laissé cette besogne en arrière. Nous les conjurons de l'embrasser incontinent avec vigueur, et pour la décence du culte divin, et pour l'acquit de leur conscience.

» Nous chargeons MM. les Curés de canton de faire très-incessamment la visite des Eglises, de prendre des renseignements sur ces trois objets, qui nous tiennent tant à cœur, d'en dresser un procès-verbal correct et détaillé, et de le tenir prêt pour le moment très-prochain, où nous nous proposons de les appeler auprès de nous, en attendant que nous puissions, et dans nos visites, et dans quelques pieuses retraites, connaître individuellement tout notre intéressant Clergé et lui donner toutes les marques d'estime et de confiance qu'il mérite. »

Et il ajoute : « Nous nous réservons de donner incessamment d'autres avis que nous croirons nécessaires ou utiles à l'honneur du Clergé, à l'édification des Fidèles et au maintien de la discipline. L'ancien ordre et les ordonnances de nos prédécesseurs restent jusqu'à présent dans leur intégrité. »

Le 13 février, le duc de Berry tombait sous le couteau d'un assassin. Averti dans la nuit même, Monseigneur partit, se rendit à Saint-Cloud où il arriva dans la nuit du 15. Le lendemain, il dit la messe dans la chambre de la duchesse qui avait quitté Paris le 14. Le 22, la dépoullle mortelle du duc de Berry fut transporté à Saint-Denis, où le service funèbre eut lieu le 14 mars. L'oraison funèbre fut prononcée par M. de Quélen ; et Mgr de Bombelles, en présentant le cœur du prince à la Basilique, prononça les paroles suivantes : « Pour me conformer aux ordres de

S. M. et remplir le plus douloureux des devoirs, j'ai l'honneur de présenter à la sépulture des rois, ses ancêtres, les précieux restes du très-haut, très-puissant prince Mgr Charles-Ferdinand d'Artois, duc de Berry, fils de France. Son cœur, que vous avez devant les yeux, fut le plus noble, le plus généreux qui exista jamais. La foi la plus sincère, la bravoure la plus brillante, la plus loyale chevalerie, la piété la plus filiale, toutes les grâces de l'esprit, tous les trésors de l'amitié, accompagnaient sa bienfaisance sans bornes et la plus ingénieuse charité. Après un coup affreux, six heures des plus cruelles furent miraculeusement accordées à ce prince pour que tout ce que la religion a de sublime lui méritât la couronne de martyre. Il nous est permis de croire que, du haut du Ciel, il jouit de nos hommages, en intercédant pour la France qui ne cessera de le pleurer. »

Le 17 avril, l'évêque d'Amiens s'est rendu à Saint-Denis avec plusieurs officiers de la maison du prince et de la princesse. L'abbé d'Espinassoux, chanoine de Saint-Denis, ayant célébré la messe, on a enlevé de la sacristie le petit cercueil renfermant les entrailles de M. le duc de Berry, qui doivent être transportées à Lille. Après le chant des prières, le cercueil a été placé dans un char funèbre. Monseigneur d'Amiens monta dans la première voiture avec M. l'abbé de Sambucy, maître des cérémonies de la Chapelle ; les officiers du prince étaient dans une autre voiture.

Le premier jour le cortège passa à Beaumont où il

fut reçu par le clergé et les autorités. A trois heures après-midi, il arrivait à Beauvais ; toutes les autorités de la ville et les corps militaires avaient été à sa rencontre.

A la porte de la Cathédrale, l'abbé Clausel de Coussergues, vicaire-général, se présenta à la tête d'un nombreux clergé, et prononça un discours dans lequel il paya un nouveau tribut à la mémoire d'un prince généreux, et salua avec respect ses restes précieux. Les vêpres des morts furent célébrées, et, toute la nuit, des ecclésiastiques veillèrent près du catafalque, en récitant l'Office des défunts.

Le mardi, à sept heures du matin, il fut célébré une messe avec des prières expiatoires ; le clergé de la ville y assistait, ainsi que les autorités, et les habitants.

Le 18, (1) sur les deux heures et demie de l'après-midi, le cortège est arrivé aux portes d'Amiens. La voiture dans laquelle étaient, auprès de l'urne funéraire, Mgr l'évêque d'Amiens, M. le baron de Saint-Félix, premier aide des cérémonies de la Cour, et M. l'abbé de Sambucy, maître des cérémonies de la chapelle du Roi, s'étant arrêtée vis-à-vis des autorités réunies en dedans de la porte Beauvais, M. le comte d'Allonville, conseiller d'Etat, Préfet du département, s'est avancé avec M. le baron Ducasse, maréchal-de-camp, commandant le département, M. le Maire d'Amiens et les autres membres des Autorités, tous la tête nue. La

____

(1) Extrait du *Journal de la Somme*.

portière a été ouverte et a laissé voir la boîte recouverte d'une draperie noire armoiriée et surmontée de la couronne ducale à fleurs de lis, qui renfermait l'urne funéraire.

M. le Préfet s'adressant d'adord à Mgr l'évêque d'Amiens, et ensuite aux cendres du Prince, a dit :

Monseigneur,

« Les autorités civiles et militaires et tous les habitants de la ville d'Amiens et du département de la Somme, saluent le triste et précieux dépôt confié aux mains de leur vénérable évêque.

» Une première fois, ô Prince, vous reçûtes nos hommages, combien aujourd'hui l'expression en est différente ! Vous retrouverez nos mêmes sentiments, mais flétris et soutenus seulement par l'espoir que nous conserve de vous une magnanime princesse. Dans cette pompe funèbre, nous ne pouvons que gémir et lever nos mains vers le ciel, et nous sommes forcés de renfermer au fond de nos cœurs le cri même de fidélité et d'amour pour le Roi et pour sa famille. »

Mgr l'évêque d'Amiens a répondu dans les termes suivants, autant qu'on a pu les retenir.

Monsieur le Préfet,

» Vous n'avez pu tenir renfermé dans votre cœur, ce cri de vive le Roi ! L'accent avec lequel vous avez parlé, peint vos sentiments qui sont ceux des bons et

les habitants de cette ville et de tout ce départe-
it. Moins favorisés que ceux de Lille et du départe-
it du Nord, nous allons recevoir en dépôt pour une
, seulement, ces précieux restes du Prince que nous
irons. L'accès en sera rendu libre à nos empressés
louloureux hommages. »

e cortége a continué ensuite sa marche vers la
hédrale ; il était composé outre les personnes déjà
ignées, de M. le comte de Clermont-Lodève et de
le comte de Rohan-Chabot, gentilshommes d'hon-
r de Mgr le duc de Berry, de M. le comte de
iseul, de M. le comte d'Astorg, ses aides-de-camp ;
MM. Faucigny et de Broye, officiers-supérieurs des
des du corps de Monsieur ; d'un officier et d'un dé-
iement des lanciers de la garde royale. La garde
ionale à cheval d'Amiens, la gendarmerie royale et
chasseurs à cheval du Cantal s'y étaient réunis
nt son entrée dans le faubourg ; les sapeurs de la
de nationale, les tambours et ceux de la légion de
r-et-Cher le précédaient couverts de crêpes.
iu bas du parvis de la Cathédrale, l'urne, descendue
la voiture, fut portée, sous un dais, dans le chœur et
cée sur un catafalque disposé pour cette cérémonie.
clergé de toutes les paroisses, le grand et le petit
iinaire étaient réunis pour la recevoir. La cour
ale, le tribunal civil et le tribunal du commerce, et
s les corps et fonctionnaires publics qui ne s'étaient
i. trouvés a la porte Beauvais se sont rendus à

l'église, ainsi que le bataillon de la garde nationale e
la légion qui avait formé la haie, et on a chanté le
Vêpres des morts. L'urne a été placée ensuite dans l
sanctuaire où elle est restée jusqu'au lendemain matin
sous la garde de la légion de Loir-et-Cher et de l
garde nationale. Des ecclésiastiques et des sémina
ristes n'ont cessé de réciter des prières auprès d
cercueil. Le public fut admis dans le chœur aussitô
après les vêpres. et le concours n'a pas cessé, mêm
pendant la nuit, l'église étant restée ouverte.

Le lendemain, à sept heures du matin, les autorité
se sont rendus à la Cathédrale. M. le curé de la Cathé
drale a célébré une messe basse pendant laquelle o
exécuta le *Miserere*.

Après les prières, Mgr l'Evêque adressa un discour
aux assistants, puis, l'urne fut reportée dans la voiture
avec le même cérémonial que la veille, et le cortég
se mit en marche. Il était composé des sapeurs de l
garde nationale, des tambours de la garde national
et de la légion, de la musique de la garde national
exécutant des morceaux funèbres, des gardes nationau
et militaires qui avaient fait le service pendant la nuit
des drapeaux de la garde nationale et de la légion, d
tout le clergé de la ville, du grand et du petit séminaire, des deux voitures dans lesquelles étaient le
personnes déjà citées, escortées par la garde national
à cheval, la gendarmerie royale et un détachemen
des lanciers de la garde, et de tous les corps et fonctionnaires judiciaires, administratifs et militaires. Le

urs-pompiers, la compagnie d'artillerie à l'excep-
des canonniers employés au service des pièces, et
remier bataillon de la garde nationale formaient la
depuis la cathédrale jusqu'à la porte Saint-Pierre
côté, et la légion de Loir-et-Cher de l'autre. Les
sseurs du Cantal étaient rangés hors de la ville. Une
e immense d'hommes, de femmes, d'enfants de
es les conditions suivaient le cortége dans le si-
e et le recueillement. Les spectateurs rangés
deux côtés des rues, ceux qui occupaient toutes
enêtres s'inclinaient avec respect pour recevoir la
édiction de leur digne Prélat, que la tristesse em-
nte sur ses traits, rendait encore plus vénérable.
rrivés à l'extrémité du faubourg, sur la route de
llens, les autorités se sont approchées de la
ure qui portait l'urne ; M. le Préfet a dit en leur
et en celui des habitants de la ville et de tout le
artement un dernier et triste adieu aux cendres du
ice, et parlant toujours au même nom, il a exprimé
ᵍʳ l'évêque d'Amiens, à M. de Saint-Félix et à
le Sambucy « l'espoir que, d'ici à six mois, ils pour-
nt nous apprendre que tout n'est pas consommé. »
e même jour, le cortége traversa la ville de Doul-
, à l'entrée de laquelle il fut reçu par M. le Sous-
et, accompagné de tous les fonctionnaires publics
ar la garde nationale sous les armes.
artout les habitants des communes rurales se por-
sur la route avec des drapeaux blancs garnis de
es, et se font un devoir de donner des marques

publiques de leur douleur et de leur attachement
l'auguste famille des Bourbons.

Le cortège, arrivé à Lille, fut reçu avec de gran
honneurs ; toutes les troupes étaient sous les armes
les maisons étaient tendues. Le service solennel f
célébré le 21, et Mgr l'évêque d'Amiens remit le tris
dépôt aux autorités de la ville.

.Dans son discours à Monseigneur, M. le Pré
faisant allusion à la naissance future du duc de B(
deaux avait prononcé le mot d'espoir,. . . . .
la France attendait et priait. . . . . . , .

Le roi ayant déclaré, le 13 mars, à tous les Evêqu
de France que son intention était qu'un service s
lennel fut célébré, le 24, dans toutes les églises (
royaume, l'évêque d'Amiens publia un Mandement p
lequel il ordonnait un service solennel pour le rep
de l'âme du duc de Berry. Il fut célébré, en eff(
le 24, dans toutes les églises du diocèse.

La duchesse de Berry désirant que le cœur du f(
duc son époux reposât à Rosny, résolut de fai
élever, à sa mémoire, une chapelle dans le parc (
château. On trouvera à la fin du volume (P. J. n° !
le récit de cette cérémonie, extrait du Mémorial adn
nistratif de la Préfecture de Seine-et-Oise (Année 18
n° 41).

Dans cette circonstance Mgr de Bombelles, en
qualité de premier aumônier de la duchesse de Berr
lui adressa un discours rapporté substantielleme
dans le compte-rendu de la cérémonie. On y v(

également qu'un autre discours fut adressé par M. le Préfet de Seine-et-Oise à M. le baron des Touches.

Des médailles furent frappées à cette occasion et distribuées aux témoins (1).

Mgr de Bombelles signe le premier au procès-verbal.

La prolixité de cette digression où figure Mgr Bombelles en sa seule qualité de premier aumônier de Mme la duchesse de Berry, nous ramène plus volontiers dans le diocèse d'Amiens, curieux et avide de connaître son Evêque.

Une des premières consolations du Pontife, en rentrant dans le diocèse, avait été, nous l'avons dit, d'y trouver ses deux principaux établissements diocésains dans l'état le plus prospère. Sympathique aux Jésuites, chargés du petit Séminaire, il rendait justice aux Lazaristes qui dirigeaient le grand Séminaire, proclamant en toutes circonstances que ces excellents directeurs de la milice cléricale, donnaient à son diocèse des prêtres pleins de piété et de savoir. On a dit qu'il arriva parfois à l'Evêque de se plaindre de la rigidité des principes professés dans les cours du grand Séminaire, mais cela n'affectait que les doctrines, sans toucher trop aux hommes distingués qui s'en faisaient les organes.

(1) Une boîte renfermant ces médailles, dont plusieurs en argent, a été retrouvée à la vente du mobilier du château de Framerville ; elle a dû être envoyée fidèlement à M. le marquis de Castéja.

Puisque nous avons parlé de l'affectueux intérêt que Monseigneur portait aux directeurs de son petit Séminaire, je crois devoir mettre sous les yeux du lecteur les paroles éloquentes prononcées à Saint-Acheul, en 1820.

« Le 21 août, (1) Mgr de Bombelles, évêque d'Amiens et premier aumônier de Mme la duchesse de Berry, qui était au moment de donner le jour au duc de Bordeaux, vint à Saint-Acheul présider la distribution des prix. Les marques d'intérêt et d'affection prodiguées par ce Prélat à son petit Séminaire, faisaient un devoir au vice-recteur de lui offrir un témoignage public de gratitude. Il n'y manqua pas.

» Monseigneur, dit-il, peut-être n'y a-t-il rien au monde de plus difficile que de louer, surtout de louer dignement. Plus la matière est riche, plus il semble que les difficultés s'accumulent. Si l'orateur, trop hardi, essaye de dépeindre tout ce qu'il sent, la plus délicate des vertus, la modestie, s'en alarme, et réclame contre les éloges, contre ceux surtout qu'on lui adresserait à elle-même. Si au contraire, l'orateur un peu timide ménage ses expressions, et n'ose pour ainsi dire qu'effleurer son sujet, les auditeurs mécontents d'une réserve qui leur paraît déplacée suppléeront, en murmurant, à ses réticences.

» C'est la position difficile où je me trouve, Mon-

(1) Vie du P. Loriquet.

seigneur ; si je n'avais qu'à indiquer aujourd'hui dans un seul personnage, le guerrier vaillant et actif, le négociateur habile et désintéressé, le chevalier français, noble victime de sa fidélité, le chrétien fervent dans les grandeurs et courageux dans les revers, le pasteur humble et laborieux, le prélat zélé et infatigable, ma tâche serait bientôt remplie : chacun le reconnaîtrait et son nom passerait de bouche en bouche. Le militaire, le magistrat, l'homme d'État, le prêtre des campagnes, le missionnaire, le Pontife, tous se glorifieraient de le prendre pour modèle et de marcher à sa suite, chacun dans une de ces différentes carrières parcourues par un seul avec tant d'éclat et de supériorité.

» Pour nous, Monseigneur, s'il nous était permis de venir après tous les autres, comme français, nous exalterions en sa personne le consolateur, et, si nous osons le dire, l'ami de cette auguste et infortunée princesse sur laquelle repose en ce moment l'espoir de la France.

» Comme chrétiens, nous féliciterions le diocèse privilégié qui voit revivre en lui le digne successeur de tant de saints Evêques. Comme instituteurs de la jeunesse, nous féliciterions des enfants qui, témoins, ou plutôt objets constants de sa sollicitude pastorale, et chaque jour comblés de ses bontés paternelles, auraient encore le bonheur de le voir présider une imposante cérémonie, et, pour comble de faveur, couronner lui-même le front des vainqueurs et compléter leur triomphe.

» Que ne pourrais-je pas, que ne devrais-je pas ajouter, Monseigneur, pour acquitter pleinement la dette de la reconnaissance, je dis celle des élèves et plus encore celle de leurs maîtres. Mais vous trouvez que j'en ai déjà trop dit ; et, d'un autre côté, cette illustre assemblée, qui aurait sans doute accusé mon silence d'ingratitude, ne me pardonnerait peut-être pas, en ce jour solennel, de défigurer plus longtemps un éloge que le cœur peut sentir, mais qu'une voix plus puissante que la mienne aurait dû seule entreprendre.

» Je laisserai donc à la poésie et à la musique réunies le soin de suppléer à ma faiblesse et de faire passer jusqu'à votre cœur les douces émotions dont les nôtres sont pénétrés, à la vue du plus vénérable des Prélats comme du plus tendre et du plus chéri des Pères. »

L'évêque se levant aussitôt : « Monsieur, répondit-il au P. Loriquet, vous avez bien raison de dire que rien n'est si difficile que de bien louer. La louange est encore dangereuse pour celui qui en est l'objet, et il doit la redouter. J'avouerai cependant que, s'il est une occasion où on puisse la goûter, c'est surtout aujourd'hui au milieu d'une réunion semblable à celle que j'ai l'honneur de présider. Je ne vous répondrai pas sans doute, M. le Supérieur, avec autant d'éloquence que vous en avez mis dans votre discours, mais je vous dirai, avec l'accent de la vérité dont mon cœur est pénétré, que j'apprécie tout le bien que fait l'Asso-

ciation dont vous êtes le chef. Oui, j'éprouve le besoin
de vous témoigner avec quel plaisir je me trouve
dans cette maison, où tant de jeunes gens de toutes
les classes de la société puisent les principes d'honneur
et de vertu. Rien n'est plus digne d'éloge que de se
dévouer comme vous le faites au bien de vos élèves...,
je regarde cette maison comme le plus beau fleuron
de ma couronne pontificale. Non, de tels établissements ne sont jamais assez protégés, je vous remercie
de tout le bien que vous y faites. Je vous en remercie
au nom de la Religion, au nom de la Patrie. »

———

XXI.

L'homme apostolique se reconnaît aux œuvres ; les
œuvres sont sa sphère naturelle, son centre de gravité,
l'atmosphère où il respire à l'aise.

Parmi les hommes éminents que Dieu appelle à
l'honneur de gouverner une partie de son troupeau,
il est des savants distingués, des auteurs profonds
dont les œuvres sont dans toutes les mains ; ce sont
des flambeaux qui projettent au loin sur l'Eglise une
bienfaisante lumière.

Il en est d'autres dont la renommée ne semble
franchir qu'à regret les bornes de leur diocèse. Moins
brillants que les premiers, ils sont peut-être plus
utiles à leurs ouailles ; les premiers écrivent plus, les
seconds travaillent davantage ; les mandements sont
plus brillants d'un côté, les œuvres sont plus fécondes
de l'autre. Non pas que le génie frappe le zèle de
stérilité ; mais entre l'orateur brillant et l'apôtre obscur,
il n'y a pas à hésiter : L'homme apostolique, d'un
talent plus modeste en apparence, emprunte moins au
prestige de l'éloquence humaine, mais il a l'éloquence
de l'évangile : un peu moins goûté des lettrés, il est
entendu, il est compris, il est goûté par la foule ; il sait

assouplir son talent et le plier à toutes les circonstances; il se fait tout à tous : tel était Mgr de Bombelles.

Quoique d'un talent incontestable, il n'ambitionnait pas de paraître orateur, mais il était apôtre, apôtre partout : on sentait qu'il avait été curé !

Suivons-le dans ses tournées pastorales.

Pour se faire d'abord une idée de son infatigable activité, on n'a qu'à lire ce qu'en dit M. l'abbé Roze (1).

« Pendant les mois de mai et de juin, une grande partie de l'archidiaconé d'Amiens et la partie de celui d'Abbeville connue sous le nom de Vimeux, sont visitées par Mgr l'Evêque qui, dans le court espace de six semaines, monta en chaire quatre-vingt-sept fois et conféra le sacrement de la confirmation à quarante-deux mille six cents personnes. L'élan avec lequel on le recevait partout toucha vivement le Prélat et dut lui prouver que, malgré les attaques brutales du parti irréligieux de l'époque, la foi était loin d'être morte dans notre Picardie. »

Cette étonnante activité n'est égalée que par son zèle. Qu'il me soit permis d'en apporter ici une preuve incontestable : parti d'Amiens le 7 mai 1820, le 26 il avait déjà donné la confirmation à six ou sept mille personnes. Arrivé le 26 à Amiens, il y trouve la marquise de Travanet sa sœur, le comte son fils et ses deux enfants, qui l'attendaient depuis quelques jours.

(1) *Eglise d'Amiens*, page 214.

Ne semblait-il pas que la divine Providence les envoyait à dessein pour que le pieux vieillard pût se délasser, en famille, des fatigues de ses courses évangéliques. Mais M. de Bombelles est apôtre, et l'apôtre ne connaît de repos que le repos éternel. Le 27, le zélé prélat faisait l'ordination au grand séminaire (1) ; le 28, il présidait à Saint-Acheul l'intéressante cérémonie d'une première communion, et le 29, faisant à Dieu un de ces sacrifices du cœur, d'autant plus sensibles à la nature, qu'en multipliant les liens, elle les a rendus plus chers et plus doux, il s'arrache des bras de cette petite famille si tendrement aimée, aux caresses angéliques de ses petits-enfants, et lorsque Mme de Travanet fait un dernier effort pour le retenir : « Ma sœur, lui dit le Pontife, en embrassant encore une fois ses petits-enfants, ma sœur, je vous quitte à regret ; je suis frère, je suis père, mais je suis évêque. Le devoir m'appelle, je suis si vieux que je n'ai pas un instant à perdre. J'ai une autre famille bien nombreuse dont j'ai à cœur les intérêts spirituels : Adieu » ! et il gronda son domestique d'avoir retardé de cinq minutes le moment du départ.

Le 8 juin, le Prélat arrive à Abbeville ; il est reçu à dix heures à l'église, avec le cérémonial accoutumé. Il parle, et part à jeun pour Bouillancourt-sur-Miannay où il doit déjeuner chez M. de Cacheleu.

(1) Depuis la mort de M. Demandolx il y avait eu une ordination à Amiens faite par l'évêque de Samosate le dimanche 19 juillet 1818. Le nombre des ordinands était considérable.

On arrive : qu'elle n'est pas sa surprise ! il voit les enfants rangés sur deux lignes ; tout est prêt, on attend. Mais l'Evêque est vieux, mais il est fatigué, mais il est à jeun.... n'importe. Il court au château, souhaite bon appétit aux convives étonnés, et, avalant quelques bouchées de pain sec, il revient à la hâte donner, à ceux que Jésus à tant aimés, le sacrement de confirmation.

Monseigneur s'efforçait de nourrir ses instructions des paroles de la Sainte-Ecriture; un texte devenait souvent pour lui le thème d'une instruction nouvelle.

En entrant dans un presbytère, une de ses premières demandes était celle d'une Concordance.

Désireux de rendre ses instructions essentiellement pratiques, souvent il interrogeait ses curés sur les abus qui pouvaient exister dans leurs paroisses, et plusieurs fois, à leur demande, il s'éleva contre les mariages purement civils. Presque toujours il eut la consolation de recueillir les fruits de son zèle et de voir cesser, sous l'influence de sa parole ardente, un grand nombre de ces unions illégitimes (1).

Et, comme si le lieu saint n'eut offert à la vaste charité du prélat que des bornes trop étroites, il lui arrivait, quand les circonstances l'exigeaient, d'aller chercher de pauvres brebis égarées, jusqu'au fond des plus humbles demeures.

Le 14 juillet, il avait quitté le matin Mérélessart, et dit

(1) Deux cents de ces unions civiles ont été légitimées.

la messe dans la chapelle de Liercourt ; on se mettait à table, quand un homme demande Monseigneur, lui dit qu'il est marié civilement ; que, remué par ses exhortations, il voudrait bien faire bénir son union, mais que sa femme ne veut pas et que personne ne peut l'amener à la raison.... J'y vais, dit le prélat ; et le voilà qui suit le brave homme et pénètre avec lui dans sa pauvre chaumière.

La femme chauffait son four ; l'Evêque entre sans façon : quel tableau ! La flamme rougeâtre du four embrasé éclairait cette étrange scène. Au milieu du taudis, d'un côté le prélat, de l'autre la vieille tout enfarinée....

Il est de ces situations où le grotesque touche au sublime, et que la plume traduit moins bien que le pinceau.

Bref, après s'être informé de sa santé, l'avoir engagée à faire légitimer son mariage, après avoir mis en œuvre tous les moyens de douceur et épuisé toutes les voies de persuasion, voyant que tout était inutile et qu'en présence des plus touchantes exhortations de son zèle, cette femme restait froide et impassible, changeant tout-à-coup de ton, le prélat lui parle avec tant de force et de véhémence, lui fait une peinture si saisissante des flammes dévorantes de l'enfer éternel dont celles de son four ne sont qu'une pâle image, qu'ébranlée enfin, cette femme s'avoue vaincue et promet de faire bénir son union....Et l'heureux prélat revint tout joyeux, prêt à voler à de nouvelles conquêtes. Le lendemain à Huppy, il reprend en chaire le thème des alliances illégitimes et parle avec tant d'éloquence, qu'en sortant de l'église, un des notables du pays vient se jeter spontanément à ses pieds et lui promettre de se marier à l'Eglise.

A quelques jours de là, Monseigneur avait donné la confirmation à Molliens-Vidame ; pendant le déjeûner, on lui signale un pauvre ménage marié civilement ; l'évêque s'empare de l'homme, le presse de revenir à Dieu et de recevoir le sacrement de l'Eglise, l'homme est touché ; il se convertit, et le prélat le confesse lui-même au presbytère. Pendant ce temps-là le doyen avait exhorté la femme et l'avait confessée a l'église. Tandis que Monseigneur courait donner la confirmation à Bougainville et autres paroisses réunies, son secrétaire fait le mariage. Monseigneur revient, confère aux nouveaux époux le sacrement de confirmation, et ajoutant au zèle qui gagne les âmes, la charité qui gagne les cœurs, Sa Grandeur charge son aumônier de donner à ces braves gens de quoi célébrer leurs noces. Telles étaient les habitudes de Mgr de Bombelles, bien connu pour son désintéressement. Non-seulement il faisait beaucoup d'aumônes, mais il tenait à donner par lui-même. C'était une satisfaction de cœur qu'il aimait à se procurer.

Il n'oubliait cependant pas les pauvres honteux, et leur faisait habituellement distribuer d'abondants secours, donnant, et donnant souvent sans compter ; que de fois son aumônier se vit obligé de tromper sa vigilance pour l'empêcher de trop s'appauvrir. Bah ! disait le bon évêque, je n'ai jamais rien possédé ; ma seule ambition est de ne laisser à mes héritiers ni argent ni dettes.

Les chemins vicinaux étaient en si mauvais état en 1820, que plusieurs fois la voiture épiscopale versa ; parfois même certains chemins n'étaient plus carossables : alors malgré son grand âge, Monseigneur montait bravement à cheval ; c'est ainsi qu'il arriva à Oresmaux escorté d'un seul cavalier, l'abbé Deroussen, alors vicaire à Amiens. C'était au début de ses tournées, apercevant le dais qui l'attendait à l'entrée de la paroisse, l'humble prélat refusa obstinément de s'y placer. Retirez ce dais, dit-il, il appartient à N. S. J.-C., et non à un ancien militaire.

Oresmaux possédait une précieuse relique, l'étole du Père Firmin (1), on eut l'heureuse pensée de l'offrir au prélat ; une députation de jeunes filles vêtues de robes blanches la lui présenta sur une corbeille ornée de fleurs. Arrivé à l'église, le pontife monte en chaire et faisant un signe à l'abbé Deroussen : Otez-moi, s'écriat-il ce vêtement d'or, ma riche étole brodée par les

(1) Le P. Firmin, religieux-carme, né à Amiens, en 1757. A l'époque de la Terreur, contraint de quitter son cloître, il exerça secrètement, au péril de sa vie, les fonctions du saint ministère d'abord à Amiens, puis aux environs de Conty, à Oresmaux, à Grattepanche, à Essertaux, à Taisnil et à Lœuilly. Découvert dans cette dernière paroisse, il fut conduit à Amiens, accusé et condamné : il eût la tête tranchée le 14 avril 1794. Une notice sur ce martyr se trouve dans l'*Eglise d'Amiens de 1734 à 1856*.

mains d'une princesse ; j'aspire aujourd'hui à un honneur que n'ont point eu mes prédécesseurs, à l'honneur insigne de me revêtir de cette simple étole, bien plus noble et plus belle, puisqu'elle est ornée du sang d'un martyr.

On assure que le prélat aimait à se parer de l'étole du confesseur de la foi, et qu'il la regardait comme le plus riche de ses ornements et la plus belle de ses décorations.

Un bon trait nous peindra mieux encore son zèle pour le salut des âmes.

Monseigneur avait donné la confirmation à Yvrench et déjeûné chez le marquis des Essarts ; le pontife s'aperçoit qu'une foule immense est accourue pour le voir ; elle le presse, elle semble vouloir l'entendre encore. Oubliant alors ses soixante-dix sept ans, le prélat fait placer une table à la grille du château, monte à cette tribune improvisée, et, revêtu de ses insignes, avec crosse et mitre, il tire de son âme d'apôtre des accents qui émeuvent la foule suspendue à ses lèvres. Tel autrefois, N. S. J.-C s'éloigna du rivage pour évangéliser le peuple affamé de sa parole.

Une autre fois, (c'était à Canaples), voyant que la foule trop nombreuse ne pouvait pénétrer dans l'église, Monseigneur fit, comme à Yvrench, apporter une table au portail et parla en plein air, au peuple édifié et recueilli.

Ce qu'il y avait d'étonnant dans l'évêque missionnaire, c'est que la fatigue écrasante de ses journées apostoliques n'ôtait rien à son esprit de cette sérénité, de cet enjouement qui faisaient le charme de sa conversation et les délices de tous ceux qui l'entouraient.

Très-économe de son temps, Monseigneur avouait qu'il regrettait celui qu'il fallait passer à table ; d'une frugalité désespérante pour ses hôtes, il ne mangeait invariablement que des œufs à son déjeuner. En revanche, il assaisonnait le repas d'anecdotes puisées dans les souvenirs féconds de sa longue carrière, ou empruntées aux événements les plus récents de ses tournées.

On dit qu'il possédait l'art de raconter des riens avec infiniment d'esprit, témoin entr'autres, le fait suivant : On arrive à trois heures, au gros village de Feu..... rien n'est prêt ; point d'eau bénite ; contraint de prendre lui-même la croix pour la baiser : « Allons, dit-il, nous allons être dans la nécessité de prendre l'église d'assaut » ...Monseigneur attend....pas un mot de la bouche des quatre curés qui sont là, muets. Puis vient le goupillon ; après, l'encensoir, mais sans encens. On le trouve à la fin, il est bénit, mais on n'en fait point usage....tous sont paralysés... Au moins encensez-moi, dit le Prélat. On encense si gauchement qu'au troisième coup, peu s'en fallut que le siége n'eut été vacant. Un mouvement en arrière sauva la vie au prélat, il voulut en remercier Dieu par le baiser du livre saint qui ne se trouva point....C'est ainsi du moins qu'il racontait le soir cette petite anecdote qui m'en rappelle une autre.

Monseigneur avait donné la confirmation à Der-
nancourt. Arrive de M....canton de Bray, une députation qui harangue le Pontife par l'organe d'un jeune
homme inexpérimenté ; il se perd dans son discours
et prie Monseigneur de s'asseoir... « Je veux encore
grandir, dit le prélat, merci de ce que vous avez eu
intention de me dire ». Le jeune orateur se piquant
d'amour-propre veut continer et reste court de nouveau,
ce qui égaie beaucoup les assistants. On part pour
Mé....où un autre orateur doit prendre la parole, c'est
M. le Maire qui attend Monseigneur aux confins de ses
petits États. Après avoir salué solennellement Sa
Grandeur, il commence ainsi : Mgr de Bombelles par
la Miséricorde divine et la grâce du Saint-Siége apostolique, évêque d'Amiens, premier Aumônier de
S. A. R. madame la duchesse de Berry, Commandeur,
Chevalier de l'Ordre de Saint-Lazare, de Jérusalem, du
Mont-Carmel et de Saint-Louis....nous vous demandons
au nom de la commune que vous venez visiter, votre
sainte bénédiction. « Avec grand plaisir, M. le Maire »,
et il bénit et dit à l'oreille de son voisin : « Je
doute fort que ma bénédiction en fasse un homme
d'esprit. »

Je n'insiste pas plus longtemps, Mgr de Bombelles
avait assez d'autres qualités pour que l'on soit dispensé
de prouver qu'il avait de l'esprit.

Si le saint Evêque aimait à nourrir ses instructions
de la divine parole, il se plaisait aussi à demander à

ses curés le thème de ses allocutions, parce que, disait-il, ils connaissaient mieux que lui les besoins de leur paroisse : doué d'une étonnante facilité, quelques minutes de réflexion lui suffisaient avant de monter en chaire, où, s'inspirant des moindres circonstances, il parlait toujours avec tant de force et d'onction, que souvent il tirait des larmes de tous les yeux, et par son accent de conviction, gagnait à Dieu les âmes les plus rebelles.

Apercevait-il quelque militaire dans l'auditoire, sa voix prenait des accents nouveaux. On aurait dit que, connaissant le chemin de ces cœurs, il y allait bravement et tout droit. Que de conquêtes de ce genre il eût la consolation de faire! combien de soldats il vit se mêler aux pieuses phalanges des enfants et recevoir avec eux les dons de l'Esprit-Saint ! Dans une paroisse que nous éviterons de nommer, un vieux troupier, âgé de 80 ans, gagné par le sermon du Pontife, vint se précipiter à ses pieds, demandant, lui aussi, le sacrement de Confirmation : c'en était fait ; il était converti, répétait-il avec émotion ; il comptait bien néanmoins que l'Evêque, ancien général, le dispenserait, lui, ancien militaire, d'une petite formalité peu importante à ses yeux ; la Confession !!!.....

A Hornoy, le prélat avait aperçu une épaulette, plusieurs jeunes militaires étaient venus l'entendre. il parla avec tant de bonheur qu'un soldat et un sous-officier vinrent lui demander immédiatement sa bénédiction, lui protestant que comme lui ils voulaient se donner au Seigneur, devenir ses ministres et combattre pour le Dieu des armées (1).

Dans une circonstance identique, le Pontife venait de monter en chaire. Après avoir levé les yeux au Ciel pour appeler l'inspiration divine, il les abaissait pieusement sur l'auditoire, quand, dans les flots pressés de la foule, il aperçoit un vieux militaire qu'il croit reconnaître ; il ne se trompe pas, c'est un de ses vieux compagnons d'armes avec lequel il a affronté la mort sur vingt champs de bataille.

Un mot qui peut amener le sourire sur les lèvres, mais qui peint bien le cœur de l'Evêque d'Amiens, m'a été cité par un vénérable ecclésiastique du diocèse, témoin auriculaire : « C'était au commencement de son épiscopat, Monseigneur donnait la confirmation ; le grand vicaire précédait le prélat, disant à haute voix le nom du confirmant, Pierre, Paul, Marie, etc. ; noms que le pontife répète avec les paroles liturgiques..... Angélique, dit le grand-vicaire. Angélique, reprend le prélat en poussant un soupir, Angélique !!... c'était le nom de ma pauvre femme ! Pieuse distraction qui n'a pas besoin d'être excusée.

(1) Le sous-officier était M. Delisle (François-Xavier), né à Hornoy, le 25 janvier 1789. D'abord directeur au petit séminaire de Saint-Riquier, il fut nommé en 1830 curé d'Oneux, paroisse du doyenné de Nouvion. Il y exerça le saint ministère jusqu'en 1865, où son âge avancé l'obligea à se retirer à Hornoy : il y mourut le 27 octobre 1871, âgé de 82 ans.

Le vénérable prélat, il faut bien l'avouer, était d'une nature peu patiente ; il lui arriva souvent de laisser apercevoir une vive contrariété, lorsqu'en arrivant dans un presbytère et demandant ce qui est indispensable pour écrire, il ne l'obtenait pas aussitôt. Demandait-il du papier, la plume manquait ; trouvait-on la plume, l'encrier était resté à la sacristie. — Pour remédier à cet inconvénient, et avoir toujours sous la main ce qu'il faut pour écrire, Monseigneur commanda une grande écritoire qu'il portait toujours en bandoullière dans sa voiture, dans le cours de ses tournées pastorales. Quand on lui en manifestait de l'étonnement : j'en « portais une semblable dans mes campagnes, disait-il. Ma tournée n'en est-elle pas une ! » De cette manière, il ne perdait pas une minute en voyage. Quand il ne parlait pas ou n'officiait pas, il écrivait.

Elle était pourtant bien vénérable cette écritoire, compagne inséparable de toutes les courses apostoliques de l'infatigable vieillard ; je la cherchai lors de la vente du mobilier du château de Framerville, mais inutilement. Depuis j'en ai retrouvé la trace ; voulant récompenser le dévouement d'un fidèle domestique, on lui avait fait présent de cette relique.

Mgr de Bombelles·ne voulait rien ignorer des affaires importantes de son diocèse. L'Evêque doit tout savoir, disait-il ; dans ce dessein, il fit cadeau à ses vicaires-généraux de trois grands registres cartonnés sur lesquels ces Messieurs étaient priés d'inscrire, exactement, tout ce qui se ferait pendant son absence. Ces registres devaient lui être remis chaque fois qu'il revenait à Amiens ; et il lui suffisait ainsi d'un coup d'œil pour se mettre au courant de l'administration de son diocèse. On lui fit d'abord remarquer que ce genre de travail pourrait paraitre pénible ; « Rien de plus facile, je vous assure, répliqua l'évêque ; quand j'étais ambassadeur, je n'écrivais pas quatre lignes sans en conserver minute. »

Malgré cette incessante activité, nous l'avons dit, le prélat est gai, spirituel dans un salon.

Après un assez long article de l'*Ami de la Religion*, consacré aux tournées pastorales et apostoliques du vénérable évêque, l'auteur qui signe : *Un témoin oculaire* termine ainsi : « Sur la fin du jour, le respectable prélat prend son unique repas. Libre de tous soins, il se délasse, dans les douceurs de la société dont il vient faire le charme, des fatigues du jour. Il retrouve alors cette gaité française, cet esprit agréable qui entretenait, dans les cours étrangères où il était jadis un des envoyés, cette réputation d'amabilité qu'aucun peuple ne pouvait disputer aux Français ; mais ne croyez pas que ces moments d'abandon au milieu d'un cercle choisi, soient perdus pour ses succès apostoliques. L'homme du monde cède devant l'homme de Dieu. »

L'*Ami de la Religion* contient également quelques mots d'appréciation sur le zèle du pontife. « Mgr l'évêque d'Amiens vient de visiter un canton de l'arrondissement de Montdidier où il a administré le sacrement de Confirmation. Le prélat a montré dans cette occasion le zèle et l'affabilité qui le rendent si cher à son troupeau. Le 8 juin, après une cérémonie où il avait confirmé environ six cents personnes, le prélat apprit qu'une femme, qui désirait vivement recevoir ce sacrement était retenue chez elle par une maladie assez grave. Il n'en fallut pas davantage pour intéresser l'excellent évêque, qui se rendit à pied à la maison de cette femme, malgré l'éloignement, et combla ses pieux désirs. Tons les habitants ont été touchés de ce trait de bonté. »

Dans le cours de ses tournées, Monseigneur présida de nombreuses cérémonies. A Abbeville, il fit, le 11 juin 1821, la procession du Saint Sacrement, et dans l'espace de trois heures, parcourut toutes les paroisses de la ville. En rentrant au presbytère de St Vulfran : « J'étais bien fatigué en commençant cette procession, dit le pontife, elle a eu le privilége de me délasser » ; et il le prouva en se rendant à quatre heures au couvent des Ursulines où il donna la confirmation à cent vingt élèves.

Arrêtons-nous. En présence de ce zèle prodigieux, on ne peut se défendre d'un sentiment de profonde vénération pour le saint vieillard. Parmi ses collègues dans l'épiscopat, il y aura eu des administrateurs plus habiles, des théologiens plus savants, des docteurs plus érudits, c'est possible ; mais il n'y aura pas eu d'évêque plus zélé pour le salut des âmes, il n'y en aura pas eu qui méritent un hommage de plus juste et de plus irrésistible admiration.

Pour qui n'aurait point, comme nous, vu Mgr de Bombelles à l'œuvre, pour qui ne l'aurait jugé que de loin, l'illusion et l'erreur, il faut bien l'avouer, eussent été possibles. Cette vocation tardive au sacerdoce, cette vie agitée d'un homme qui arrive à l'épiscopat, à l'âge où les autres prélats cherchent la retraite, rendent vraisemblable l'hypothèse que ce vieillard, qui n'est plus qu'une ruine, aura été peu utile à son diocèse. Et néanmoins, il se tromperait lourdement, l'historien qui jugerait ainsi, sans examen, le digne évêque d'Amiens.

C'est ce qui est arrivé à un écrivain d'un talent incontestable et incontesté, qui, pour ne s'être pas donné la peine de descendre dans le détail des faits, a porté sur Mgr de Bombelles un jugement singulièremen erroné. Son appréciation, que j'ose appeler une vue à vol d'oiseau, prouve, une fois encore, que plus l'historien a de talents, plus il doit s'interdire de juger sur les seules apparences, de peur que l'autorité de son nom ne contribue à mieux propager l'erreur.

Le savant ecclésiastique auquel je fais allusion est un de ceux qu'il suffit de nommer pour être dispensé de tout éloge. M. l'abbé Cruice, dans sa vie de Mgr Affre, jugeant les choses de trop haut et de trop loin, a dit que « le diocèse d'Amiens avait été abandonné, avant l'arrivée de Mgr de Chabons, au gouvernement d'un vieillard pieux et aimable qui, après avoir passé sa vie dans les camps et les missions diplomatiques, avait dû à ses malheurs sa vocation au sacerdoce et sa promotion à l'épiscopat. C'était l'ancien marquis de Bombelles, aide de camp du duc de Béthune en 1760, peu après capitaine des hussards, etc. »

L'auteur ajoute : « Enfin, en 1819, ayant atteint sa 75ᵉ année, brisé par les fatigues d'une vie aventureuse, étranger à la nouvelle administration ecclésiastique, mais se confiant encore dans les ressources presque épuisées d'un esprit prodigieusement actif, il monta sur le siége d'Amiens. Dieu l'enleva au bout de trois ans. »

Quoi, c'est là Mˢʳ de Bombelles ?

Comment pourrions-nous ne pas protester contre un jugement porté si légérement, nous qui l'avons connu, qui l'avons suivi dans ses tournées pastorales ? Ah ! si le savant auteur qui a écrit ces lignes avait su que ce caduc vieillard, dans le court espace de six semaines, était monté en chaire quatre-vingt sept fois, avait donné la confirmation à plus de quarante mille personnes, et réhabilité deux cents alliances illégitimes, il eut au moins gardé un silence respectueux.

Si l'amour de la vérité nous a obligé à blâmer vivement l'auteur précité d'avoir si mal jugé le vénérable évêque d'Amiens, il nous serait facile de trouver une explication, sinon une excuse à cette appréciation pour le moins hasardée.

Qu'avait à dire, en effet, le savant historien au début

de son livre ? Il avait à présenter le tableau assez
sombre des années que l'abbé Affre passa dans le
diocèse d'Amiens en qualité de vicaire-général ; il
avait à parler de son administration, de ses rapports
avec le clergé picard, qui, dit-on, regrettait parfois
que, dans le grand-vicaire, la richesse du fond se
cachât sous l'âpreté de la forme. Mais comment dire
cela ? Un talent vulgaire y eut été embarrassé : l'illustre historien de M. Affre imagina un procédé connu des
peintres; manquant de lumière dans son tableau, il
doubla les ombres... Et voilà comment Mgr de Bombelles fut sacrifié au besoin d'une cause étrangère,
trop riche pourtant par elle-même pour exiger un tel
sacrifice !

XXII.

Le *Journal de la Somme* de l'année 1820, contient
le récit d'une intéressante cérémonie faite par Mgr de
Bombelles : c'est la pose de la première pierre de
l'Eglise du Gard.

Je donne intégralement l'article du journal afin de
ne point lui ôter par une froide analyse sa couleur de
circonstances.

L'article suivant, dit le Rédacteur (1), nous a été
remis par un des témoins de la cérémonie ; nous nous
empresons de le mettre sous les yeux de nos
lecteurs.

« Il est difficile de peindre les sentiments de vénération et d'amour qu'inspirent le zèle, la charité et la
gracieuse affabilité de notre vénérable évêque, Mgr de
Bombelles. Tandis qu'il parcourt les diverses parties de
son diocèse, les scènes les plus touchantes se repro-
duisent partout sur ses pas.

« Le 28 juillet dernier, il fit son entrée solennelle à
l'abbaye de Notre-Dame de la Trappe, monastère récemment formé par les soins du R. P. Germain, abbé

(1) *Journal de la Somme* du samedi 12 août 1820.

régulier de cette sainte Maison, sur l'emplacement de l'ancienne abbaye du Gard, près Picquigny, à trois lieues ouest d'Amiens.

« Le prélat y était attendu pour bénir et poser la première pierre d'une église que l'on élève sur les débris de l'ancienne. Dès que les signes d'allégresse se firent entendre, tous les religieux précédés de la croix s'avancèrent, dans le plus profond silence, à la rencontre du vénérable Pontife, qui, voyant l'Abbé du monastère s'avancer vers lui, mit pied à terre et reçut l'eau bénite qui lui était présentée.

« A son approche, tous s'inclinèrent profondément pour recevoir sa bénédiction. Alors les religieux, suivis du Prélat, retournèrent processionnellement au monastère en chantant les cantiques de l'Eglise. Tout inspirait la piété : c'était un spectacle digne du ciel. On conduisit l'évêque à la chapelle, où l'on chanta les prières d'usage, terminées par le *Te Deum* et la bénédiction épiscopale. De là, Monseigneur fut conduit en silence dans une salle où le R. P. Abbé, entouré de ses religieux, se prosterna aux pieds du Pontife, qui s'empressa de le relever. Alors le P. Germain s'inclinant profondément devant le vénérable évêque lui dit que : « Plein de confiance dans cette aimable Providence, dont il avait si souvent admiré les prodiges et ressenti les effets, et encouragé par le zèle d'un Pontife qui met son bonheur à cicatriser les plaies de l'Eglise et à réparer les ruines du Sanctuaire, il a osé entreprendre d'élever dans l'enceinte de son monastère un temple modeste au Seigneur, avec les débris négligés par ceux qui avaient détruit le superbe monument que les enfants de Saint-Bernard avaient élevé autrefois à la Religion dans cette même solitude ; que, organe de ses Frères, il se déclarait, en son nom et au leur, le plus soumis et le plus fidèle diocésain d'un prélat qui les honorait d'une affection paternelle et ne dédaignait pas de jeter un regard de bonté sur la moindre portion du troupeau ; qu'au milieu des saints exercices de la pénitence, lui et ses frères s'efforceraient de faire et le jour et la nuit, une sainte violence au ciel pour la conservation d'un pasteur qui, après les jours mauvais, fait revivre dans sa personne l'aimable piété des d'Orléans de la Motte et l'ingénieuse charité des de Machault, ses vénérables prédécesseurs ; que lui et ses religieux se rangeaient humblement sous son obéissance pour travailler au salut des campagnes les plus abandonnées ; que, selon l'esprit de leur saint fondateur, ils partageraient leur temps et leurs forces entre les exercices de la prière, les œuvres de la pénitence et celles d'une charité active, en portant aux pauvres habitants de la campagne le secours et les consolations de la religion. »

Mgr de Bombelles répondit de la manière la plus affectueuse au chef de cette sainte maison et lui dit :

« M. le Prélat, longtemps avant d'avoir l'honneur d'être promu au Sacerdoce, j'ai eu l'avantage de rendre service à une maison de votre ordre, dont la ferveur répandait dans le pays une odeur de sainteté qui la rendait vénérable. J'étais loin de penser alors que la Providence dût m'appeler au gouvernement d'un diocèse où j'aurais la consolation de voir se former près de moi une maison du même ordre, qui me donne tant d'espérance et qui m'a déjà donné les plus douces consolations. Je ne doute pas que l'intérêt que j'ai pris à la première n'ait été pour moi une source de grâces et de bénédictions et que la protection spéciale que je dois à celle-ci ne contribue à accroître les consolations de mon ministère....Je verrai toujours, M. le Prélat, avec le plus vif intérêt, de saints prêtres sortir de cette maison pour communiquer aux habitants des campagnes cette piété solide dont ils seront pénétrés sous l'heureux joug de l'obéissance. Je bénirai, tous les jours de ma vie, le moment où la divine Providence vous a inspiré l'idée d'élever, près de la capitale de mon diocèse, ce monument à la religion, et j'ai confiance que cette maison, ressuscitant les beaux jours de l'Eglise, sera pour mes diocésains un sujet d'édification et pour moi une des plus douces consolations de mon épiscopat. »

Le lendemain 29 juillet, Mgr de Bombelles assisté d'un vicaire-général et de plusieurs ecclésiastiques, fut conduit processionnellement au lieu où l'on avait jeté les fondements de la nouvelle église. Il était précédé de tous les religieux, chantant les cantiques d'usage. Arrivé à l'endroit où devait se faire la bénédiction de la première pierre, l'architecte (M. A. Limozin), accompagné de l'entrepreneur de l'édifice, lui présenta successivemement les instruments de l'art en lui en indiquant l'usage. Mgr de Bombelles répondit avec une présence d'esprit singulière et donna à l'usage de chaque instrument une application aussi honorable pour la religion que flatteuse pour ceux qui le lui présentaient. Après la cérémonie, le cortége se rendit à la chapelle où Mgr de Bombelles célébra le saint sacrifice de la messe. Dans cet asile de la piété, toutes les cérémonies de la religion semblaient prendre un caractère plus auguste. Le silence interrompu par les chants simples et graves, le recueillement des religieux, leur air mortifié et cette joie douce qui se peignait et dans leurs chants et sur leurs fronts, tout nous touchait jusqu'aux larmes. Après l'Evangile, un jeune religieux s'avança vers le Pontite dans l'attitude la plus humble tenant à la main un papier ; il prononça d'une voix distincte et ferme la formule de ses vœux, puis se prosterna aux pieds de l'évêque ; après avoir signé en sa présence la formule qu'il venait de prononcer, il la déposa sur l'autel.

Tandis que le chœur chantait les psaumes d'usage, le jeune profès demeura la face contre terre, et ne se releva, sur l'ordre qui lui en fut donné, que pour recevoir des mains de l'évêque le vêtement qui lui était destiné. Revêtu de l'habit de chœur, il se prosterna de nouveau devant le Pontife, lui baisa humblement les pieds, mais l'évêque le releva avec bonté, et l'embrassa.

Tandis que le chœur chantait les psaumes, le jeune profès se prosterna successivement aux pieds de tous les religieux, les baisa et en reçut les doux témoignages de l'union fraternelle.

Après la messe, notre infatigable évêque donna la confirmation à quelques novices et à quelques jeunes gens dans le monastère.

Il n'avait pris qu'une demi-heure de repos, lorsqu'on partit pour la petite ville de Picquigny, où s'étaient réunies plusieurs paroisses voisines et il donna la confirmation à douze cents personnes.

Dans une si prodigieuse activité, notre vénérable évêque semble oublier qu'il est dans sa 77ᵉ année. Partout il instruit, il console et laisse le précieux souvenir de son passage. On pourra dire de lui : *Pertransiit bene faciendo et dies pleni invenientur in eo.*

Monseigneur n'eut pas le bonheur de bénir l'église dont il avait posé la première pierre. Cette bénédiction fut faite par Mᵍʳ de Chabons, son successeur, le 8 janvier 1823.

C'est le 12 septembre 1821 que Monseigneur termina ses visites pastorales et ses tournées de confirmation.

XXIII.

Le 20 septembre 1820 Mgr d'Amiens, en sa qualité
de premier aumônier de S. A. R. Mme la duchesse de
Berry, alla, de la part de la princesse, prier au cal-
vaire pendant la neuvaine du Mont-Valérien (1). Le 24,
la duchesse de Berry le chargea de porter à Notre-
Dame-de-Liesse, ses hommages et ses vœux, à l'imi-
tation d'Anne d'Autriche, qui, dans une circonstance
analogue, alla aussi implorer, en ce lieu privilégié,
avec Louis XIII, la protection de la sainte Vierge.

Aussitôt qu'elle eut mis au monde un fils, la duchesse
chargea Mgr de Bombelles d'envoyer, en son nom, à
Reims au tombeau de Saint-Remi, M. l'abbé Godinet-
Desfontaines, chapelain du Roi, pour remercier le ciel
d'un si grand bienfait, et prier le saint de protéger
toujours la mère et l'enfant. Mgr de Bombelles fut
chargé également par la princesse de remettre, pen-

____

(1) Pour la naissance d'un enfant, à l'avenir duquel étaient si
étroitement unies les destinées de la France.

dant les dernières solennités du Mont-Valérien, des tiges de lys faits de sa main royale pour être placés sur l'autel.

Le duc de Bordeaux naquit le vendredi 29 septembre à 2 heures 35 minutes du matin...... à onze heures il y eut grande réception chez le Roi et chez les Princes. Une heure après, le Roi et la famille royale se sont transportés à la chapelle pour remercier Dieu de la faveur signalée qu'il vient d'accorder. Mgr l'évêque d'Amiens a ensuite ondoyé le jeune prince, auquel le Roi a donné les noms de Henri-Charles-Ferdinand-Marie-Dieudonné. Cette cérémonie a été terminée par un *Te Deum*, en actions de grâces.

L'acte de naissance et l'extrait des registres de l'état-civil de la maison royale où elle est constatée, outre la signature du Roi, des Princes et des Princesses, porte également la signature du cardinal de Périgord, grand-aumônier, de l'évêque de Chartres, de l'archevêque de Sens et de Mgr de Bombelles, évêque d'Amiens. L'évêque d'Amiens fit la cérémonie des relevailles, le vingt-trois octobre.

Au printemps de l'année suivante, la duchesse voulut elle-même faire le pélérinage de Liesse pour témoigner, personnellement, à la sainte Vierge tous ses sentiments de reconnaissance.

Mgr de Bombelles y précéda la Duchesse afin d'assister aux cérémonies, qui furent pour tout le pays une source de joie et d'édification.

On dit que parfois à quelque chose malheur est bon ; un léger accident de voiture va nous prouver que, malgré son grand âge, le prélat n'est pas encore brouillé avec les muses.

Monseigneur se rendait à Meaux, en compagnie de M. de Sambucy, chanoine honoraire d'Amiens ; tout-à-coup, la voiture casse, et voilà les deux voyageurs contraints, pour la faire réparer, de descendre dans un petit village isolé. Que faire, pendant que le charron et le maréchal vont s'évertuer à réparer de leur mieux le carosse épiscopal ? l'Évêque, se rappelant fort à propos qu'un de ses amis demeure non loin de là, lui trace, tout en causant avec son compagnon de route, les quelques lignes suivantes qu'il rime d'une main ferme et facile. Je possède le modeste brouillon qui ne porte que deux légères ratures, c'est le premier jet.

> « Le bon abbé de Sambucy
> Près du bon évêque est ici,
> Non pour leur plaisir, je le jure,
> Mais pour réparer la voiture,
> Qui, vieille ainsi que le prélat,
> A sa flèche en mauvais état.
> Le charron plein d'intelligence
> Et le maréchal de science
> Disent que leurs doctes marteaux
> Nous vaudront d'arriver à Meaux
> Sans nouvelle mésaventure ;
> Et, tout en acceptant l'augure,
> Nous profitons d'un accident
> Qui n'a rien de fort amusant,
> Pour vous offrir le tendre hommage
> De deux compagnons de voyage. »

Le 26 octobre 1820, le ministre de l'intérieur écrivit à tous les évêques du royaume une lettre, en date du 20 octobre 1820, par laquelle il les invitait à faire lire au prône de toutes les églises de leur Diocèse, une proclamation du Roi au sujet de l'élection des députés. En se conformant aux intentions de S. M., Monseigneur ordonna la lecture, au prône de toutes les messes paroissiales du Diocèse, de la proclamation du Roi et de la lettre du Ministre.

Prenant conseil de la prudence, le prélat n'ajouta pas un seul mot à cette double communication.

Jetons maintenant un coup d'œil rétrospectif sur les principaux faits de son épiscopat.

Le 24 septembre 1819, Mgr de Bombelles assista au sacre de Mgr de Fontenay, archevêque de Bourges, et de Mgr de Villèle, évêque de Soissons. Le prélat consécrateur était Mgr de Couci, archevêque de Reims ; le second assistant était Mgr de Latil. Cette cérémonie eut lieu dans l'église des Carmes, rue de Vaugirard.

Le 9 juillet 1820, Mgr de Quélen sacra Mgr Dubois, évêque de Dijon et Mgr d'Astros, évêque de Bayonne, Mgr d'Amiens était un des assistants.

Le 14 juillet 1820, Mgr de Bombelles célébra dans son église Cathédrale un service solennel pour le repos de l'âme de M. de Machault, ancien évêque d'Amiens et chanoine de Saint-Denis, mort à Arnouville dans sa quatre-vingt-troisième année. Le vénérable défunt avait été vicaire-général de Mgr de la

Motte qui l'avait demandé pour coadjuteur. Nous avons dit déjà de quelle vénération Mgr de Bombelles était pénétré pour M. de Machault ; aussi, le nouvel évêque fit-il en chaire l'éloge le plus pompeux des éminentes qualités, des vertus et surtout de l'inépuisable charité du prélat, son prédécesseur (1).

A cette époque, Monseigneur avait ses entrées chez le roi : c'est ce qui résulte d'une lettre qui lui est adressée de la Cour.

« Le duc de la Châtre a l'honneur d'offrir ses hommages à Mgr l'évêque d'Amiens et de le prévenir qu'il conserve ses entrées chez le roi, qu'il n'y a rien de changé d'ici au 1er janvier, mais, qu'à cette époque, il voudra bien s'adresser à M. le duc d'Aumont qui prendra les ordres de Sa Majesté. »

Aux Tuileries, 18 décembre 1820.

Monseigneur fit plusieurs bénédictions de cloches : Celles de Saint-Jacques d'Amiens le 20 septembre 1821 ; précédemment, le 17 juin de la même année, celles de Warloy-Baillon, où il prêcha en plein air et fit cadeau de cent écus pour aider les habitants à payer les cloches, et le 23 juillet, celles de Nesle. Le parrain et la marraine étaient M. le duc et Mme la duchesse

---

(1) Mgr de la Motte disait à ses diocésains en parlant de son coadjuteur : « Je vous laisse, sinon un saint Jean Chrysostôme, du moins un saint Jean l'aumônier. » Spirituelle allusion à son inépuisable charité.

15

d'Angoulême représentés, le duc, par M. Blin de Bourdon (1), la duchesse, par Mme la marquise de Rougé (2).

Le 1er janvier 1821, Marc-Marie promulgue des statuts synodaux. « Notre dessein, dit le prélat au clergé, est bien plutôt de renouveler les anciens Statuts du diocèse, que de vous en donner de nouveaux : la prudence et le zèle de nos guides dans l'épiscopat avaient tout prévu. Nous nous sommes contenté d'abréger quelques articles et d'insérer un petit nombre de règlements que les circonstances et les visites dans plusieurs parties de notre diocèse nous ont fait juger nécessaires. »

Quoiqu'ils portent le titre de synodaux, on ne voit pas que ces Statuts aient été promulgués canoniquement en synode, après communication au corps capitulaire.

Le 12 novembre de la même année, il publie une ordonnance sur l'entretien des Eglises et la gestion des fabriques.

En 1822, dans l'*Ordo* édité par ses ordres, l'évêque d'Amiens recommande à l'attention de son clergé, un grand nombre d'avis : entre autres, de

(1) L'aïeul de notre Député actuel du même nom, propriétaire du château du Quesnel.

(2) La mère de M. le marquis du Plessis-Bellière, propriétaire du splendide château de Moreuil, et du domaine qui en relève.

n'établir dans les paroisses aucune pratique inusitée et extraordinaire, sans au préalable, y avoir été autorisé par l'évêché : d'appliquer l'indulgence à l'article de la mort d'après les pouvoirs qu'il en a reçus du Souverain Pontife. (C'est la première fois depuis le Concordat, qu'il est question de cette indulgence dans les actes épiscopaux). L'évêque déclare en même temps que les cas et censures énoncés en tête du bréviaire sont les seuls qu'il se réserve dans tout le département de la Somme : celui de l'Oise conservera provisoirement les siens.

Quoique souffrant de la goutte et malgré la fatigue qu'il avait dû ressentir en officiant la nuit et le jour de Noël, Monseigneur partit pour Paris où il arriva le 29. Ce voyage s'effectua par un froid excessif, qui fut, peut-être, la cause première de la maladie qui devait l'enlever.

Néanmoins, le prélat officia à Sainte-Geneviève dans les premiers jours de janvier.

Le mandement qu'il adresse de Paris le 7 février 1822 est précédé d'un avis de MM. les vicaires-généraux qui jeta les premières alarmes dans le diocèse. Il est ainsi conçu :

« Au moment de l'impression du mandement de Monseigneur, nous recevons de Paris des nouvelles peu satisfaisantes de sa santé ; elle est trop précieuse pour ne pas vous faire part de sa situation. Sans danger prochain, sa maladie est pourtant grave. Nous

sommes convaincus que l'attachement profond et respectueux de tous ses prêtres, et le dévouement sans
bornes de toutes ses ouailles, lui assureront le suffrage
de leurs prières, et l'ardeur de tous leurs vœux pour
son prompt et prochain rétablissement.

Signé : Duminy. Dupuis. Correur. »

Déjà le P. Mac-Carthy, qui prêchait la retraite du
2 février à la cathédrale, avait, le 6, invité les fidèles à
adresser au ciel de ferventes prières pour la santé du
Prélat gravement malade à Paris.

Laissons maintenant parler un témoin des derniers
moments de Monseigneur :

« Dès le mois de Janvier 1822, il éprouva des
symptômes alarmants, et le 22 février, il voulut recevoir l'extrême-onction en présence de sa famille et de
quelques amis. Jamais je n'oublierai cette scène si
grave et si imposante ; elle a fait sur moi une telle
impression que je suis sûr d'avoir retenu les paroles
de ce vertueux prélat. Après avoir entendu avec recueillement l'allocution touchante qui lui fut adressée
par le prêtre, il dit d'une voix ferme et animée : « De
toutes les grâces que Dieu m'a faites, j'ai toujours
regardé comme la plus grande, celle d'être l'organe de
ses commandements ; mais aujourd'hui que les forces
de son serviteur sont épuisées, aujourd'hui que je suis
dans cet état où se trouve réduit le pécheur, c'est du

fond du cœur que je remercie le Très-Haut de m'avoir laissé le temps de me convertir à lui et de m'avoir permis de recevoir un sacrement qu'il a établi pour sanctifier nos âmes. »

Il vécut encore onze jours ; le 5 mars 1822 vers une heure du matin, la religion perdit un de ses plus dignes ministres et le trône un de ses plus nobles soutiens. Fait pour tous les genres d'illustration, il parcourut avec le plus grand éclat trois carrières différentes ; militaire intrépide, diplomate habile, prélat vénérable, il se fit estimer et chérir des ennemis, des étrangers et des fidèles de son diocèse ; il mourut en donnant sa bénédiction à ses enfants, en prononçant les louanges de Dieu et en s'écriant : « Que sa sainte volonté soit faite. » Ses dépouilles furent transportées à la cathédrale d'Amiens, et c'est le jour de son convoi que l'on a pu juger de l'amour qu'il avait su inspirer aux habitants de cette grande ville ; c'était un deuil universel ; on venait prier sur sa tombe comme on prie sur un autel. Il eut les larmes du pauvre pour oraison funèbre, et l'on aurait pu écrire sur son tombeau cette inscription dont il s'est rendu si digne pendant toute sa vie : « Il fit tant de bien sur la terre que sa place est marquée dans les cieux. Dieu l'a rapproché de lui comme un exilé qu'on rappelle » (1).

(1) Tout ce récit est emprunté à Alissan de Chazet, le familier de Monseigneur, son ancien secrétaire et son constant ami.

Dès le 21 janvier, on avait reçu à Amiens une lettre de Paris annonçant que Monseigneur était sérieusement malade ; on avait à combattre l'hydroposie et la goutte. M. l'abbé Clausel va se fixer à Paris, visite tous les jours le Prélat et envoie à Amiens le journal de sa santé. A partir de cette époque, ce n'est plus qu'une alternative de bonnes et de mauvaises nouvelles.

Enfin le mercredi 6 mars, on lisait dans l'*Ami de la Religion* :

« On avait répandu lundi le bruit de la mort de Mgr de Bombelles, évêque d'Amiens ; cette nouvelle ne paraissait que trop vraisemblable, vu l'état de ce prélat, que les médecins regardaient comme sans espérance ; il avait reçu les sacrements la semaine dernière avec les marques de la piété dont il faisait profession. »

» Au moment de clore le journal, nous apprenons que le prélat est décédé le 5 mars à deux heures du matin. »

Mgr de Bombelles mourut à l'Elysée-Bourbon. L'étiquette de la Cour ne permettant pas qu'un mort restât dans une maison royale, le corps fut transféré dans les appartements du prélat, rue Ville-l'Evêque, n° 25. Monseigneur ne laissa point de testament. Une petite note écrite de sa main contenait cette déclaration fort laconique : « Je m'en rapporte à la tendresse religieuse et à la piété de mes enfants, du soin de faire dire des messes pour le repos de mon âme. »

Quoique attendue, la nouvelle de la mort de Monseigneur produisit à Amiens une douloureuse sensation. De concert avec le clergé de la ville, le chapître réclama auprès du gouvernement le corps du prélat défunt. Après cet acte de piété filiale, le chapître s'empressa de nommer vicaires-capitulaires MM. Clausel, Dupuis et Correur qui, dès le 6, donnèrent un mandement, où ils disaient en parlant du prélat défunt : « Le digne successeur des Machault, des La Motte, comblé comme eux de jours et de mérite, n'a songé qu'à mourir en ministre de Jésus-Christ et en évêque. Avec quelle piété touchante, avec quelle résignation sublime il a consommé sa course !.... » Ils terminaient ainsi : « 1° Le premier jour libre après la réception du présent mandement, il sera célébré dans chaque église paroissiale et succursale, un service solennel pour le repos de l'âme de Monseigneur l'évêque, auquel les autorités seront conviées ; 2° tout prêtre approuvé, offrira le plus tôt possible le saint Sacrifice à la même intention, etc... »

Dans une note placée au bas de la page on lisait : « Conformément à la demande du chapître et du clergé de la ville d'Amiens, le corps de Monseigneur l'évêque devant être ramené de Paris, lieu de son décès, et inhumé dans son église Cathédrale, les curés de la

ville seront informés par un avis ultérieur du cérémonial qui sera observé. »

L'autorisation royale, sollicitée par le chapitre et
le clergé de la ville ayant été accordée, la dépouille
mortelle du prélat fut ramenée à Amiens le vendredi 8.

Le mauvais temps et l'heure trop avancée n'ayant
pas permis de donner à la réception du corps toute la
pompe convenable et projetée, une députation composée
de MM. Léraillé, chanoine, et Clabault secrétaire particulier, s'avança à une distance de plusieurs lieues de
la ville au devant du convoi. Tous les honneurs funèbres furent remis au mardi 12, jour des funérailles.
Laissons maintenant le *Journal de la Somme*, nous
rendre compte lui-même de la triste cérémonie.

XXIV.

Samedi 16 mars 1822.

« Le corps de Mgr de Bombelles, évêque d'Amiens,
est arrivé dans cette ville vendredi 8 de ce mois.
Il est resté déposé dans une chapelle ardente, préparée
à l'évêché, jusqu'au mercredi de cette semaine.
L'office des morts a été récité continuellement, pendant
le jour, par les élèves du petit séminaire de Saint-
Acheul et, pendant la nuit, par ceux du grand séminaire. Le samedi, à trois heures, le chapitre a été processionnellement rendre les honneurs dûs aux dépouilles
mortelles de son prélat. Le clergé des différentes paroisses de la ville a rempli le même devoir le lundi et
le mardi. Pendant tout le temps que le corps est resté
exposé, les fidèles de la ville et un grand nombre de
ceux des campagnes voisines sont venus avec un empressement religieux prier aux pieds du cercueil du
Prélat dont ils avaient si souvent admiré le zèle et les
vertus apostoliques, et un grand nombre faisait
toucher aux insignes épiscopaux déposés sur le
cercueil, des bagues, des chapelets et autres objets.
Mercredi, sur les quatre heures après-midi, le corps
est sorti de l'évêché par la rue du Soufflet et a été

conduit processionnellement par la rue Basse-Notre-Dame, le Grand-Marché, la rue Saint-Germain, la place Saint-Firmin, les rues au Lin, de Berry, Saint-Martin et Henri IV. Il a été ensuite déposé sur un catafalque préparé dans le chœur de la cathédrale et on a chanté l'office des morts.

Le convoi précédé des tambours et de la musique de la garde nationale, escorté par la gendarmerie, et des détachements de la garde nationale et des chasseurs de la Meuse, était composé de tout le clergé, des élèves du grand et du petit séminaire.

Le corps, quoique enfermé dans un cercueil de plomb, était porté par des séminaristes. On remarquait à la tête du deuil, M. le comte Charles de Bombelles, M. le vicomte de Castéja, son gendre, et M. Alissan de Chazet, allié de sa famille, et auteur d'une notice insérée au journal des Débats et que nous nous faisons un devoir de répéter dans cette feuille.

Ce deuil était conduit par M. l'abbé Gorin, chanoine de la cathédrale (1), en qualité de confesseur, et par M. l'abbé Duminy choisi par la famille pour accompagner les restes du Pontife, qui avait associé ce respectable pasteur à ses travaux apostoliques, comme son grand vicaire de prédilection. Il était suivi de tous les fonctionnaires publics, des officiers de la garde nationale et de la garnison, des chevaliers de Saint-Louis et de la Légion d'honneur, etc.

----

(1) Avec le titre de Pénitencier, décédé en 1833.

Tous les habitants avaient quitté leurs occupations. Les classes avaient été fermées au collége royal ; et les élèves pensionnaires, sous la conduite des maîtres, étaient rangés sur le Grand-Marché.

Le lendemain, à l'issue d'une messe solennelle, l'inhumation a eu lieu, par permission expresse de Sa Majesté, dans le chœur de la cathédrale. Le concours n'était pas moins nombreux que la veille.

Il n'a été prononcé à ce sujet aucune oraison funèbre ; mais, dès dimanche dernier, les ecclésiastiques qui ont été chargés de prononcer dans les églises les discours ordinaires se sont fait un devoir de rappeler aux fidèles les vertus du digne évêque, objet des regrets de tout le diocèse, et de le recommander à leurs prières. Nous citerons la péroraison du discours sur le bon exemple, de M. Léraillé, prédicateur de la station du Carême à la cathédrale.

« Serait-il téméraire d'espérer que nos paroles ne seront pas sans fruit ? Je ne le pense pas, mes Frères ; d'ailleurs, ce n'est pas ma voix seule qui retentit aujourd'hui à vos oreilles ; les sons lugubres qui se font entendre dans ces jours, ont aussi un langage que personne de vous ne peut méconnaître. Ce langage du deuil et de la mort, en proclamant au loin combien est grande la perte que nous avons faite de notre illustre pontife, ne semble-t-il pas aussi prêter à mes accents cette force et cette onction auxquelles rien ne résiste ? Il est mort, il est vrai, ce vertueux prélat qu'environnaient notre respect et notre amour et qui du haut de cette même chaire vous ouvrit plus d'une fois son cœur en vous appelant ses enfants bien-aimés. Mais quoique enfermé dans le cercueil, il vous parle encore par les beaux exemples qu'il a laissés à la société toute entière. *Defunctus adhuc loquitur*. Jeunes gens de tout sexe et de toute condition, honorez sa mémoire en imitant la pureté des mœurs, le respect filial, la tendre piété qui signalèrent son enfance et sa jeunesse. »

« Pères et mères, honorez sa mémoire en imitant ces vertus aimables, recommandées dans les écritures et qui montrèrent en sa personne, dans les liens qui vous unissent, le modèle des époux et des pères. Guerriers, qui portez l'épée pour la défense du prince et de la patrie, honorez sa mémoire par la fidélité aux serments et la crainte du Seigneur, qui en firent toujours un chevalier sans peur et sans reproche, un chevalier éminemment chrétien. Magistrats, honorez sa mémoire, en justifiant la confiance du prince par les doctrines religieuses et monarchiques, par l'incorruptible équité, par l'entier dévouement au bien public qui le firent révérer dans les diverses Cours de l'Europe. Ministres des autels, honorons tous sa mémoire par le zèle ardent de la maison de Dieu et du salut des âmes, qui jeta un éclat si vif pendant les trop courtes années de son sacerdoce et de son épiscopat. Et vous aussi, pauvres de Jésus-Christ, honorez sa mémoire en servant fidèlement le divin Maître qui allumait dans son cœur cette charité généreuse d'où tant d'aumônes découlaient sur vos misères !.... »

« Non, non, elle ne passera pas comme l'éclat d'un vain son, la mémoire de ce vénérable pontife ; elle subsistera longtemps parmi nous pour le montrer comme un exemple de toutes les vertus chrétiennes. Puissions-nous tous les recueillir fidèlement, pour les faire revivre dans notre conduite et mériter par là de retrouver un jour le père que nous pleurons, dans le sein de la vie éternelle. »

L'oraison funèbre du pontife défunt que j'ai le regret de ne pouvoir reproduire, (n'ayant pu me la procurer), fut prononcée par M. Druilhet, supérieur du petit séminaire de Saint-Acheul, au service que le Chapitre fit célébrer à la cathédrale le jeudi 28, pour le repos de l'âme du défunt.

Mgr de Bombelles repose dans le chœur de sa cathédrale ; sur le marbre où est gravé son épitaphe, on lit :

†

HIC JACET

ILL^{us} AC RR^{mus} DD

MARCUS MARIA

MARCHIO DE BOMBELLES

EPISCOPUS AMBIANENSIS

SERENISSIMÆ DUCISSÆ BITURIGUM

ELEEMOSYNARIUS

VIR

ANTIQUÆ PROBITATIS
CUI IN DEUM AMOR
IN PATRIA PIETAS
IN PAUPERES MISERICORDIA
ET
BORBONIDUM
REGIÆ FAMILIÆ
TEMPORIBUS VEL INIQUISSIMIS
DATA ET SERVATA FIDES
DECUS IMMORTALE
PEPERERUNT
NATUS BIDISCI, IN LOTHARINGIA
AN MDCCXLIV OCTOB. 8
OBIIT PARISIIS
AN MDCCCXXII 5 MART.
REQUIESCAT
IN
PACE.

✝

De Bombelles porte écartelé aux 1 et 4 d'or, aux 2 et 3 de Gueules, à la molette d'éperon d'argent.

Monseigneur a fait surmonter ses armes de famille d'un chef d'argent à la croix de sinople.

Selon **M.** l'abbé Roze, on trouve onze pièces au nom du prélat.

A la vente du mobilier du château de Framerville, on a retrouvé les armes du vénérable évêque : elles sont sculptées sur bois doré ; l'écu est entouré du ruban de Saint-Louis et du cordon de Saint-Lazare et du Mont-Carmel, auxquels pendent les croix des deux ordres. Le ruban de Saint-Louis porte un *S* et un *L* ; le cordon de Saint-Lazare et du Mont-Carmel est composé alternativement d'un *M* et d'un *A* entrelacés et de trois grosses perles. L'écu est timbré d'une couronne de marquis placée entre la crosse et la mitre, sous un chapeau d'évêque que surmonte la devise de l'Ordre de Saint-Lazare : *Atavis et armis* (1). Ces armes sont conservées au presbytère de Framerville comme un précieux monument auquel se rattachent, pour le pays, de glorieux souvenirs.

On possède de Monseigneur deux portraits : l'un dessiné d'après nature sur pierre lithographique par Edm. Pingret, et l'autre peint à l'huile sur toile, par le même artiste.

La pierre lithographique a coûté **200** fr. Le portrait à l'huile aussi **200** fr.

A la mort du prélat, Edm. Pingret a fait de ce portrait à l'huile quatre copies pour les quatre enfants, chacune au prix de **150** fr.

Le tableau original est celui qui figure dans la galerie du palais épiscopal. Une copie décorait les murs du château de Framerville ; elle est allée rejoindre ses sœurs en Allemagne.

---

(1) Cette devise a été restituée au chevalier de Saint-Lazare par Monsieur, grand'maître de ces ordres..

Un certain nombre d'épreuves lithographiques ont été livrées au commerce à la mort du prélat ; elles sont aujourd'hui devenues assez rares.

Un vieillard originaire d'Amiens m'a raconté le trait suivant : C'était vers 1820, j'habitais alors Paris ; visitant une exposition de tableaux, je vis que la foule s'arrêtait intriguée devant une toile qui semblait piquer sa curiosité.... Je fis comme les autres....

Le tableau représentait, au fond d'une cour d'honneur, un évêque décoré, vieillard à cheveux blancs, qui traînait une petite et élégante voiture où étaient assis deux jeunes enfants, auxquels il semblait sourire.

Ce qui était une énigme pour les autres ne le fut pas longtemps pour moi ; je reconnus facilement la cour de l'évêché d'Amiens ; à sa gauche, la cathédrale. Le prélat n'était pas non plus difficile à reconnaître pour un Amiénois. Je me posai en Cicérone, je nommai Mgr de Bombelles : chacun comprit et le problème était résolu. Qu'est devenu ce tableau ? Est-il resté en France dans la famille des Travanet, ou est-il à Vienne, à côté de celui de Mme Elisabeth ? C'est ce que je ne saurais dire.

Il existe aussi de M. de Bombelles des portraits littéraires. Un homme du monde, un grand seigneur, dont je tairai le nom, a tracé dans des mémoires restés inédits, le portrait de l'évêque d'Amiens. J'en cite quelques passages.

« J'avais dîné chez la duchesse de Montmorency ; le

soir, on annonça Mgr de Bombelles et je fus fort
surpris de voir entrer un petit vieillard, très-vif,
décoré d'une croix d'évêque, de l'Ordre de Saint-
Lazare, de la croix de Saint-Louis et autres Ordres.

» En un instant, et avec autant de grâce que de
facilité, il eut parlé de ses campagnes, de ses ambassades et de ses cinq enfants...

» Le marquis de Bombelles, ancien ambassadeur en
Portugal, après la mort de sa femme, dame du palais
et amie de Mme Elisabeth, avait pris l'état ecclésiastique
où il avait conservé le bon ton du grand seigneur, la
gaieté de l'homme de cour, et toute la régularité et la
piété de son nouvel état; contraste frappant et qui rendait sa conversation, embellie de beaucoup de souvenirs, soutenue par beaucoup d'esprit, aussi agréable
que singulière. »

Au mois de juillet 1821, le prélat était à Abbeville.
Il reçut une lettre de M. l'abbé Clausel dans laquelle
l'archidiacre de Beauvais disait : « Je félicite les habitants d'Abbeville de recevoir en ce moment les bénédictions de notre Pontife. Son inépuisable gaieté, sa
conversation féconde en saillies, toutes les grâces
d'un homme du monde et presque d'un jeune homme,
doivent faire l'admiration des Abbevillois. On rappor-
tera ses bons mots, tout en célébrant ses vertus.
Quelle miraculeuse vieillesse ! Pour l'enjouement, nulle
différence entre le jeune sous-lieutenant et le vieux
Pontife, entre les 17 ans et les 77 ans. »

16

Le premier de ces deux portraits émane d'un homme qui juge au premier coup d'œil ; il n'a vu Monseigneur qu'une seule fois peut-être ; le second est d'un vicaire général d'Amiens qui, mieux que personne, devait connaître le prélat.

Ce n'est pas seulement en France que Mgr de Bombelles était vénéré ; nous avons reproduit l'article d'un journal allemand dans lequel les habitants d'Oppersdorff et de Bitterwald racontent tout le bien qu'il leur a fait et la douleur que leur cause la nouvelle de sa mort.

Voici la traduction d'une lettre écrite en vers allemands et ne portant aucune signature :

Dernier adieu à Mgr de Bombelles, ancien évêque d'Amiens, mort à Paris.

» Fidèle à ton Dieu et à ton roi, Père bien-aimé, ami tendre et dévoué, tu fus généreux et grand dans la prospérité, plus grand encore au jour du malheur ! De nos larmes sincères ta tombe est arrosée, et sur ton sarcophage se penchent les muses en pleurs, car à elles aussi, tu offris des sacrifices d'agréable odeur.

» Mais voici que paraît la vierge de l'pureté ; sur son front sévère repose une couronne d'épines, et sur sa poitrine brille une croix lumineuse.

» Il ne vous était que prêté, dit-elle, c'est à moi que sa vie fut consacrée : vous ne pouvez lui offrir que des fleurs qui se fanent ; pour moi, j'ai orné son front d'une couronne immortelle. Enfants, cessez donc vos pleurs ! Amis ne versez plus de larmes ! Ne voyez-vous pas combien sa mort est douce et comme, après ses souffrances d'ici-bas, elle n'est que le passage à une vie meilleure?

» Oui pour l'homme dont la vertu à la sienne est pareille, la vie n'est pas une perte, et la mort est un gain. »

XXV.

Si Mgr de Bombelles n'avait point fourni à Amiens
une très-longue carrière, il y avait néanmoins assez
vécu pour conquérir la vénération de ses diocésains,
et il descendait dans la tombe escorté par l'amour et
les respects de son peuple, par les regrets et l'admiration de son nombreux clergé.

Rien donc ne semblait manquer à sa mémoire,
que la gloire et le triomphe que donne la haine des
méchants ; elle ne lui fera pas défaut ; la vertu
la plus modeste ne saurait être à l'abri des mor-
sures de l'envie, et en faisant des heureux, Monseigneur avait fait des envieux. Réduits au silence
pendant sa vie, et perdus dans la foule, on ne les
soupçonnait même pas, et jamais leur voix timide
n'essaya de dominer le concert d'applaudissements
qui retentissait d'un bout à l'autre du diocèse.
Mais, à peine a-t-elle pressenti les approches de
la mort, que l'envie relève la tête : elle n'attendra
même pas que le silence se soit fait autour de la
tombe du prélat pour montrer à tous les yeux sur-

pris la trame d'une calomnie adroitement ourdie dans l'ombre.

J'emprunte au *Journal de la Somme* les quelques lignes qu'on va lire :

13 Avril 1822.

« Pendant que Mgr de Bombelles était retenu à Paris par la maladie qui l'a enlevé à son diocèse, quelques-uns de ces hommes pour qui rien n'est sacré, répandaient à Amiens, dans une classe toujours facile à tromper, que ce prélat, objet de sa vénération, avait été autrefois protestant, ou, ce qui était bien plus coupable, avait feint de l'être pour épouser une demoiselle dont la famille professait cette religion ; et que, quelques années après ce mariage, il était revenu à la religion catholique pour se donner le moyen d'abandonner impunément sa femme et d'en épouser une autre. On montrait même, dit-on, à ceux qui témoignaient de l'incrédulité un article de biographie dans lequel ces faits étaient consignés, etc.

Cet ouvrage est intitulé *Biographie nouvelle des contemporains* par MM. A. V. Arnault, ancien membre de l'Institut ; E. Jouy de l'Académie française; J. Norvins et autres hommes de lettres, magistrats et militaires ; il a été imprimé à Paris en 1821. On y lit tome III, p. 133, colonne 1re un article qui commence, ainsi :

» BOMBELLES (Marc-Marie, marquis de), né le 8 octobre 1774 à Bitche, département de la Moselle, colonel des hussards de Berchiny avant la révolution.

» Il se lia à Montauban avec Mlle Camp qu'il épousa selon le rit protestant ; puis il épousa suivant le rit catholique Mlle de Mackau, fille de la sous-gouvernante des enfants de France. Le marquis de Bombelles fut nommé en 1775, chevalier de Saint-Lazare, etc.

Nous nous bornerons à rétablir la vérité, en opposant le plaidoyer de Linguet à la Biographie.

« Le sieur de Bombelles qui a épousé et abandonné après en avoir eu une fille, la demoiselle Marthe Camp ne se nommait pas Marc-Marie, mais Jean-Louis-Frédéric-Charles ; il n'était pas né à Bitche mais à Montauban ; il n'était pas marquis mais vicomte ; il n'a jamais été colonel des hussards de Berchiny, mais il était officier au régiment de Piémont, infanterie; la personne qu'il épousa après avoir abandonné la demoiselle Camp ne se nommait pas de Mackau mais Marie-Françoise de Carvoisin ; il ne fut pas nommé chevalier de Saint-Lazare en 1775, car ce titre lui est donné dans son contrat de mariage dès le 29 janvier 1760. En voilà plus qu'il n'en faut, sans doute, pour détruire une prétendue identité à laquelle n'ont pu croire que les plus ignorants, parmi les gens disposés d'avance à accueillir de pareilles impostures. Nous aurions continué à garder le silence, si, comme nous l'avions pensé d'abord, il ne s'était agi que d'une fable répandue sans aucune autorité; mais quand nous avons su que cette fable était accréditée dans un ouvrage imprimé et appuyée de noms connus, nous avons cru de notre devoir d'en faire connaître la fausseté. Nous espérons que des feuilles plus répandues que la nôtre s'empresseront de faire pour toute la France, (où la biographie moderne est répandue, où la mort récente de M. de Bombelles et les notices qu'on a lues dans les journaux sur sa vie, ont pu appeler une attention particulière sur l'article de cet ouvrage qui le concerne), ce que nous ne pouvons faire que pour notre département. »

Ces plaidoyers de Linguet, que le journal oppose à la calomnie dans le but de rétablir la vérité, ne contiennent pas moins de 217 pages in-4°. Après avoir parcouru attentivement toute cette longue procédure, on se demande pourquoi tant de bruit et d'audace, etc.

Devant l'évidence des faits, on reste convaincu que les détracteurs de Mgr de Bombelles ont été de mauvaise foi, et on se demande si les écrivains de la Biographie contemporaine eux-mêmes, en acceptant les yeux fermés ces faits erronés et en les consignant dans un article diffamatoire, ont été coupables de légèreté, d'ignorance ou de complicté.

Pourquoi, demande un penseur de l'antiquité, ces gens-là s'acharnent-ils ainsi à poursuivre la vertu ? Et voici la raison qu'il en donne. « *Divites enim sunt alienis jacturis, locupletes calamitatibus, immortales funeribus.* »

M. le comte Charles de Bombelles s'empressa de remercier le rédacteur du *Journal de la Somme*, par la lettre qui suit :

Paris, le 22 juin 1822.

Monsieur,

» Votre obligeant article du 13 avril dernier,
» m'ayant appris la fausse supposition contenue dans
» le troisième volume de la Biographie des contempo-
» rains, rédigée par MM. Arnauld, Jay, Jouy et Nor-
» vins, par laquelle on avait avancé que le marquis de
» Bombelles avait épousé, selon le rit protestant,
» Mlle Camp, m'a déterminé à m'adresser à l'éditeur
» responsable de cet ouvrage, lequel ayant reconnu
» qu'il avait été induit en erreur, s'est engagé à rec-
» tifier cet article, tant en le faisant cartonner dans
» les exemplaires du troisième volume qui se trou-
» vent entre ses mains qu'en mettant un *erratum* au
» sixième volume qui va paraître.

» Je saisis cette occasion, Monsieur, pour vous ex-
» primer combien la preuve de respect et d'attache-
» ment que vous avez donnée à la mémoire de celui
» qui est pleuré par son diocèse, ses amis et ses
» enfants, est faite pour inspirer toute ma recon-
» naissance.

» Agréez l'assurance de ma parfaite considération,

» Le Cte Ch. DE BOMBELLES. »

Le marquis de Bombelles eut six enfants :

1° Le comte Louis de Bombelles, né à Ratisbonne, le 1er juillet 1780 ; il suivit son père à Lisbonne, à Vienne et en Suisse. Il obtint en 1794 la faveur d'être attaché aux gardes-du-corps de la reine de Naples ; cette princesse le nomma lieutenant en second au régiment du roi, cavalerie, en 1798.

Depuis, chambellan de l'empereur d'Autriche et successivement ministre de la Cour de Vienne à Copenhague, à Dresde, et en 1821, à Florence.

2° François de Bombelles, mort à vingt ans, capitaine au régiment de l'empereur, à Ulm ;

3° Charles de Bombelles, chambellan de l'empereur, chevalier de Malte, lieutenant-colonel au régiment autrichien archiduc Reinier ;

4° Henri de Bombelles, chambellan de l'empereur d'Autriche, chargé des affaires de cette Cour à Saint-Pétersbourg ;

5° Caroline de Bombelles, vicomtesse de Castéja, dame pour accompagner la duchesse de Berry ;

6° Victor de Bombelles mort, au petit séminaire d'Issy, à l'âge de 19 ans. S'il faut en croire De Courcelles, il était chanoine de la cathédrale de Breslau (1).

On voit que les fils survivants du marquis de Bombelles, occupèrent de brillantes positions dans la diplomatie autrichienne.

Non content de retrouver sa fille, Mgr de Bombelles

(1) Dictionnaire de la noblesse.

avait voulu rapprocher de lui le comte Charles, son fils. Ce dernier venait de perdre sa femme, Mlle de Cavanac dont il avait eu deux enfants. En quittant l'empereur d'Autriche, ce prince lui conféra, comme marque particulière de son estime, le grade de colonel.

Rentré en France, le comte passa au 5e léger, et fut nommé successivement gentilhomme de la chambre des rois Louis XVIII et Charles X.

C'est le comte Charles qui s'occupa lui-même de la succession du prélat défunt.

Nous avons considéré comme un pieux devoir de rassembler, classer et coordonner les notes inédites que nous avons eu le bonheur de réunir sur la vie de Mgr de Bombelles. Notre œuvre est terminée. A ceux que rattachent à sa mémoire, les liens du sang ou les traditions de l'amitié, elles laisseront de précieux souvenirs, et l'histoire y pourra trouver des documents authentiques pour juger souverainement cet homme éminent à des titres si divers : général, diplomate, évêque.

PIÈCES JUSTIFICATIVES

ET

DOCUMENTS DIPLOMATIQUES.

Nº 1.

Lettre de M. le comte d'Artois, à M. le comte de Floridablanca.

Venise, le 18 janvier 1791.

Je vous envoie, Monsieur, une lettre que je vous prie de remettre au roi d'Espagne. Peut-être aurais-je quelques droits de me plaindre personnellement du silence que vous avez gardé avec moi. Mais, Monsieur, je connais vos sentiments, votre attachement au Roi mon cousin, à la maison de Bourbon. J'ai su la manière noble et généreuse dont vous avez terminé les différends entre l'Espagne et l'Angleterre, j'en ai connu le vrai motif, et j'éprouve une vraie jouissance à vous parler de ma parfaite estime. Ne doutez jamais non plus des sentiments qui m'attachent à vous pour la vie.

CHARLES-PHILIPPE.

P. S. La dépêche de M. de Las-Casas vous prouvera, Monsieur, mon abandon dans le Roi mon cousin, et ma vraie confiance en vous.

N° 2.

Lettre de M. le comte d'Artois au roi d'Espagne.

Monsieur mon frère et cousin,

Si mon cœur a été affligé du silence de Votre Majesté à mon égard, mon attachement respectueux, ni mon entière confiance n'en ont pu être altérés, et je saisirai toujours avec empressement toutes les occasions de lui en donner des preuves.

Uniquement dévoué au salut de ma Patrie, au maintien de la couronne de mes Pères, et à celui de l'honneur des Bourbons, j'ai dû soumettre à la sagesse de Votre Majesté mes projets, mes moyens ; et ma conduite ne variera jamais.

Votre Majesté daignera se rappeler que, dès le commencement de nos malheurs, sentant toute l'importance de me combiner avec l'Espagne et de n'agir même que d'après ses conseils et son impulsion, j'avais supplié Votre Majesté de nommer un ministre à Turin, et de m'autoriser à m'ouvrir à lui sans réserve : j'avais même indiqué M. de Las-Casas, d'après sa réputation, et son dévouement connu pour Votre Majesté. Ma demande étant restée sans réponse, le respect m'a empêché d'insister ; mais j'ai toujours regretté ce qui m'aurait mis à même de prouver plus fortement encore à Votre Majesté la vérité de mes sentiments.

Les circonstances m'ayant amené à Venise, j'ai eu occasion de causer avec M. de Las-Casas, et, trouvant dans cet ambassadeur tout ce que j'avais lieu d'en attendre, je n'ai plus hésité à m'ouvrir à lui, à lui confier ma position entière, les motifs qui me décident à me rapprocher de Vienne, et le désir ardent que j'ai toujours conservé de voir Votre

Majesté être le chef de la noble ligue qui peut seule mettre fin à nos maux, et rendre à l'Europe entière son juste équilibre. Je ne répèterai point ici tous les détails de cette conversation, mais M. de Las-Casas doit les mettre dans sa dépêche, et ne pouvant avoir rien de caché pour Votre Majesté, je l'ai autorisé à lui rendre un compte exact de tout ce que je lui ai confié.

Je connais les devoirs des Souverains, et si la position politique de l'Espagne n'eut pas été changée par la sagesse et la générosité de Votre Majesté, si, d'un autre côté, le nouvel Empereur n'eût pas agi suivant les mêmes principes, en peignant l'horreur de notre situation, je ne pourrais y ajouter que les expressions d'une trop juste douleur. Mais, Sire, il n'en est pas de même aujourd'hui, et si nos maux sont à leur comble, si mon âme est déchirée par leur durée et par leurs excès, au moins ai-je de grands motifs de consolation, puisque nos alliés les plus puissants et les plus fidèles sont libres de faire éclater la noblesse et la générosité de leurs sentiments.

Je finis en conjurant Votre Majesté de me permettre de continuer à correspondre avec Elle par la voie de M. de Las-Casas, et je la conjure de recevoir toujours, avec la même bonté, la ferme et sincère assurance de tous les sentiments aussi tendres que respectueux avec lesquels je suis,

Monsieur mon frère et cousin,

De Votre Majesté :

Le très-affectionné frère, cousin et serviteur,

CHARLES-PHILIPPE.

A Venise, le 18 Janvier 1791.

P. S. Oserai-je conjurer Votre Majesté de daigner me rappeler au souvenir et aux bontés de la Reine.

17

N° 3.

Lettre de M. le comte de Floridablanca à Mgr le comte d'Artois.

Madrid, 3 février 1791.

Monseigneur,

J'ai reçu la lettre dont V. A. R. m'a honoré le 18 janvier, et j'ai remis au Roi celle qui y était jointe. Je prie V. A. R. de ne pas trouver étrange mon silence ; je me rapporte à ce que le Roi lui répond. Toute explication est hasardée et sujette à des abus et des interprétations sinistres, soit parce que plusieurs personnes trahissent et la fidélité et le secret dont elles devraient payer la confiance dont V. A. R. les honore, soit à cause du trajet que font les courriers.

Daignez, Monseigneur, agréer le profond respect avec lequel je suis, etc.

N° 4.

Lettre du roi d'Espagne à Mgr le comte d'Artois.

Madrid, le 8 Février 1791.

Mon frère et cousin,

J'ai reçu votre lettre du 18 janvier, et j'ai été en même temps instruit de tout ce que vous m'indiquez. Je vous souhaite tout bien et à toute la famille, et toute félicité. Je n'ai pas perdu le temps, ni l'occasion de vous le prouver ; mais il a fallu et il faut encore régler et combiner plusieurs points et dans plusieurs endroits. Sans quoi tout ce que l'on pourrait faire serait bien plus dangereux qu'utile. J'attends dans deux mois des lumières et des nouvelles qui pourraient accélérer la résolution qu'il conviendra de prendre. Je dois vous conseiller, en attendant que je vous en avertisse, de ne point vous presser, et de ne pas vous risquer : car tous vos projets vrais ou faux sont divulgués, et faute de secret tout est gâté. Je vous prie, au reste d'être toujours assuré de l'amitié tendre et constante avec laquelle je suis, etc.

N° 5.

Carta del Sor Conde de Artois al Rey de Espana.

Monsieur mon frère et cousin,

J'ai reçu avec autant de plaisir que de reconnaissance la lettre de Votre Majesté du 25 mars, et le chevalier de Las-Casas m'a communiqué le mémoire qu'elle avait approuvé.

Plus je suis sensible à la confiance que Votre Majesté veut bien me témoigner, plus je dois y répondre par une franchise et une ouverture sans bornes. En conséquence, j'ai cru devoir ne pas perdre un moment pour soumettre de nouveau à Votre Majesté les réflexions dont le *Mémoire* m'a paru susceptible. Elle verra dans ces réflexions, combien je m'estime heureux de me trouver d'accord avec Elle sur presque tous les points, et si j'ai cru devoir combattre quelques-uns des moyens proposés par le Conseil de Votre Majesté, Elle jugera, Elle même, que je n'ai eu d'autre but que de concourir plus efficacement à bien remplir les vues sages et éclairées contenues dans le Mémoire.

Cet ouvrage était fini, et le courrier prêt à partir, lorsque j'ai été instruit des nouveaux outrages que nos infâmes ennemis ont fait éprouver au Roi mon frère, et à toute ma famille. J'essaierais en vain d'exprimer tout ce qu'un tel récit inspire à mon âme ; mais je parle à un Roi, je parle à un Bourbon, il saura deviner, apprécier et éprouver tous les sentiments de mon cœur, et je connais d'avance quelles seront ses résolutions. L'honneur est le premier de tous les devoirs, mais ses mouvements doivent être dirigés par la prudence, et je prouve bien clairement à Votre Majesté à quel point je suis convaincu de cette grande vérité, puisque, dans un tel moment, loin de hâter les explosions, j'emploie tous mes efforts à les contenir et à les combiner avec les secours de Votre Majesté ainsi qu'avec ceux des autres alliés de la France.

C'est ici le moment où, par confiance autant que par devoir, je dois instruire Votre Majesté de ma vraie position avec l'Empereur. Ce souverain a consenti il y a quinze jours à avoir plusieurs conférences avec M. de Calonne : après avoir écouté attentivement tout ce que ce Ministre était chargé de lui dire de ma part, il n'a pas hésité à témoigner le plus grand désir de servir la France, il a prononcé en même temps, qu'il ne voulait aucune compensation pour ses secours, il eut souhaité ardemment que le Roi et la Reine eussent recouvré leur liberté avant le moment de l'explosion, mais il en sentait déjà l'impossibilité ; et, d'accord avec les principes de Votre Majesté, il avait chargé M. de Calonne de me dire que c'était à moi à bien diriger les mouvements des provinces, et que l'on pouvait compter qu'il soutiendrait le parti des royalistes, lorsqu'il serait bien formé.

Enfin l'Empereur connaissant l'importance de son aliance avec Votre Majesté a demandé vivement à M. de Calonne ce que je savais des dispositions et des intentions du cabinet de Madrid. M. de Calonne avait ordre de ne rien dissimuler : la conduite de l'Empereur envers moi avait toujours été trop franche et trop droite pour que je voulusse me tenir en réserve avec Lui. En conséquence, M. de Calonne fit part à l'Empereur de mes négociations avec Votre Majesté, et lui communiqua le projet de protestation que j'avais envoyé à Madrid. Il en parut très-content : il dit qu'il voulait marcher d'accord sur tous les points avec Votre Majesté et il montra un grand désir de connaître la réponse que je recevrais. L'Empereur fit plus encore, il voulut montrer le projet à la reine de Naples, et cette princesse dit, Elle-même, à M. de Calonne, qu'Elle répondait de la signature du Roi son époux, dès l'instant où Votre Majesté aurait prononcé sur cet objet important.

Voilà, Sire, qu'elle était ma position avec l'Empereur ; mais aussitôt que j'ai eu appris l'horrible aventure du 18 avril, je lui ai envoyé un courrier : je lui demande avec instance de le voir avant mon départ pour l'Allemagne, afin que je puisse combiner ma marche actuelle d'après ses intentions, et me trouver dans le cas de pouvoir attester à Votre Majesté que, si je suis forcé par les circonstances, et par l'honneur même, d'éclater avant le retour du courrier, que j'envoie aujourd'hui à Votre Majesté, Elle soit du moins assurée que je ne me laisse pas aller aux trop justes sentiments qui m'animent, et que mes démarches sont faites d'accord avec l'Empereur. Mais, néanmoins, je supplie Votre Majesté de croire que j'attache trop de prix à obtenir son approbation et son appui, pour que je n'emploie pas tout ce qui sera en moi pour attendre la réponse décisive de Votre Majesté.

Je finis en conjurant Votre Majesté, au nom de tous les sentiments qui remplissent son âme, de daigner examiner et approfondir ma position, celle du Roi son cousin, celle de la famille entière et les devoirs qui me sont imposés. Je supplie encore Votre Majesté de daigner me rappeler au souvenir de la Reine, et de recevoir avec bonté, les assurances de tous les sentiments aussi tendres que respectueux avec lesquels je suis,

Monsieur mon frère et cousin,

De Votre Majesté

Le très-affectionné frère, cousin et serviteur,

CHARLES-PHILIPPE.

A Vienne, le 29 avril 1791.

P. S. J'oubliais de prévenir Votre Majesté que je joins aux réponses sur l'avis du conseil de Votre Majesté, un précis de ce qui s'est passé à Paris le 18 de ce mois ; les réflexions qu'il contient feront connaître à Votre Majesté l'objet de mes nouvelles demandes auprès de l'Empereur à qui j'en ai envoyé un pareil.

Je confie en même temps à Votre Majesté le compte que je me suis fait rendre par M. de Calonne des relations qu'il a eues par mon ordre avec M. Pitt, afin que Votre Majesté juge elle-même des conséquences qu'on en peut tirer relativement aux dispositions de l'Angleterre, et je ne doute point que Votre Majesté n'approuve le consentement que j'ai donné à la proposition qu'il m'a faite d'écrire de nouveau en son propre nom à M. Pitt, et je transmettrai à Votre Majesté la réponse qu'il en recevra.

N° 6.

Lettre de M. le comte d'Artois à l'empereur d'Autriche.

De Venise, le 27 janvier 1790.

Le baron d'Escars m'avait fait passer les lettres de Votre Majesté en date des 25 décembre et 9 janvier. Espérant y répondre de vive voix, j'attendais avec impatience le résultat de la mission dont j'avais chargé M. de Calonne.

J'ai reçu hier au soir un courrier de ce dernier ; il m'a fait passer la lettre de M. le comte de Cobentil écrite par ordre de Votre Majesté. Plus j'avais attaché de prix et d'importance à obtenir la permission de conférer moi-même avec Votre Majesté, plus le refus que j'éprouve est pénible et douloureux pour moi. Je la supplie d'être persuadée que je respecterai toujours ses desseins, et que malgré tout ce qu'il pourra m'en coûter, j'éviterai avec soin de rencontrer Votre Majesté pendant son voyage en Italie.

J'ai l'honneur de lui envoyer ci-inclus, la lettre que le roi de Sardaigne m'avait ordonné de remettre en main propre à Votre Majesté. Il est important pour moi qu'elle lui parvienne promptement, et qu'elle lui prouve du moins qu'il n'entre point de légèreté dans aucune de mes démarches.

La juste douleur que j'éprouve en ce moment ne peut atténuer en rien mon entière confiance dans les sentiments de Votre Majesté, ni mon respect dans la sagesse et la fermeté de ses vues. En conséquence, d'ici à peu de jours, j'aurai l'honneur de lui communiquer mes idées sur la position présente de la France : elles ont une liaison nécessaire avec les intérêts de toute l'Europe et avec les devoirs sacrés que l'honneur m'impose pour le salut de mon Roi et de ma Patrie.

Si Votre Majesté daigne m'écouter avec confiance et m'honorer de ses conseils, je les recevrai avec reconnaissance, je ne me permettrai ici qu'une seule réflexion : Votre Majesté est instruite du courage héroïque du clergé français ; Elle connaît les dangers dont il est menacé. Le fils de Marie-Thérèse souffrira-t-il qu'on avilisse la Religion et qu'on persécute ses vertueux Ministres.

Je suis, etc.

N° 7.

Lettre de M. de Las-Casas (1) à M. de Bombelles.

Venise, ce 25 avril 1791.

Trouvez bon, mon cher Collègue, que je fasse quelques observations sur la commission que vous donne M. le comte d'Artois auprès de l'Empereur. Vous savez que ce Prince m'en a parlé, et que je l'ai fort approuvé. Le Roi connaît personnellement et aime M. le comte d'Artois ; il l'estime également en rendant justice à ses qualités, à son honneur, à sa franchise, à sa loyauté, à son noble dévouement pour la cause de sa maison et de la monarchie, qui est la cause de tous les Rois et de tous les Trônes. Mais il connaît aussi ses inconvénients. Ce Prince a plus d'ardeur que de réflexion ; c'est un défaut louable en Lui à quelques égards. Son âge, le sang des Bourbons qui circule dans ses veines, et l'intensité de son ressentiment doivent le rendre tel : il serait naturel de penser que ses conseils modèreraient cette ardeur par leur prudence ; mais non, ses entours se laissent emporter par le feu de leur imagination bien plus encore que le Prince ; au lieu de calmer, ils excitent. M. de Calonne qui est très-intéressant, et très-utile par son talent et son zèle,

(1) Ambassadeur d'Espagne.

devient peut-être quelquefois dangereux par l'enthousiasme qui dirige son éloquence.

Je pense que le Roi a fait son plan d'après ces données. Vous savez tout ce que j'ai dit à M. le comte d'Artois ; vous devez le communiquer à l'Empereur : peut-être ferez-vous bien d'ajouter que mon opinion est que l'objet de Sa Majesté a été de calmer cette ardeur qu'il a communiquée à M. le comte d'Artois, non tout ce qu'il fait, non tout ce qu'il médite, mais seulement ce qui a pu lui être dit sans divulguer des secrets très-importants, sans risquer des inconvénients majeurs, et se procurant l'avantage de contenir, d'encourager et de donner au Prince les moyens de fortifier son parti dans les provinces, de le bien diriger vers un but commun, et de le tenir, pour ce qui est de sa personne et de ses mouvements, dans le repos et l'inaction dont il convient qu'il ne s'écarte, jusqu'à ce que tous les moyens d'agir soient préparés et bien combinés.

Je ne vois aucun mal à ce que M. le comte d'Artois se porte en Allemagne, et je ne m'y suis point opposé, d'autant plus que l'Empereur l'a approuvé. Mais mon intention est de lui dire bien nettement, au moment de le quitter à Vicence, et en présence de MM. de Calonne et de Vaudreuil, que je l'exhorte, que je le conjure même à ne pas se laisser entraîner, à ne pas suivre l'impulsion qu'on voudra lui donner, mais seulement de se tenir en mesure et de se fortifier, pour agir quand il le faudra de concert, et selon le plan dont, d'après toutes les apparences, il ne peut douter que ne s'occupent très-sérieusement le Roi et l'Empereur, et même vraisemblablement d'intelligence avec Leurs Majestés très-chrétiennes ; qu'il doit sentir, ce plan existant, qu'il ne peut pas en être le Directeur, mais bien le Coopé-

rateur ; que la confiance du Roi, les marques d'estime et
d'intérêt qu'il lui donne, doivent le rassurer sur la portion
de gloire, et sur l'importance du rôle qui sera son partage
dans ce grand ouvrage ; qu'en voulant brusquer les choses,
qu'en se laissant aller à des apparences séduisantes, il pourra
heurter de front tout le plan, et en contrecarrant de sages
mesures, augmenter les obstacles et les difficultés ; qu'il
réfléchisse qu'un succès médiocre, que l'occupation de
quelque place, que la fidélité et la constance d'une province
qui se montre avec courage, ne le mettra pas encore en
mesure de se soutenir par ses propres forces, et que les
avantages de ce succès incertain ne balancent pas le préju-
dice et les désavantages qui résulteraient du non succès, et
pour la bonne cause, et surtout pour Lui-même, qui ne
pourrait plus s'attendre à être compris dans les nouveaux
plans qui se feraient, parce qu'on n'aurait plus dans sa
sagesse le degré de confiance nécessaire. Je lui dirai qu'il
n'a pas à faire de nouvelles preuves de courage, qu'il doit
avoir celui de braver le bourdonnement et les murmures des
braves français qui l'appelleront, qui l'entoureront ; que tout
général doit avoir autant de calme et de sang-froid pour
se décider, que de feu dans l'action ; que tout chef, tout
général, qui a un plan non connu, est sujet au désagrément
des mêmes censures, mais qu'il n'est digne de commander,
que quand il y est supérieur, quand il donne l'impulsion à
ses subordonnés, non lorsqu'il la reçoit d'eux ; que je suis
persuadé que ni le Roi ni l'Empereur ne lui donneront
aucun des secours qu'il demande, qu'en les concertant
ensemble, et d'après un plan commun ; qu'il doit bien être
convaincu, que tout louable que soit son zèle, son dévouement, tout nombreux que soit le parti qui se tourne

vers Lui, ce parti est décousu, n'est qu'un rassemblement nombreux de parcelles faibles et divisées sans un lien d'union qui leur donne la force ; qu'il deviendrait sans doute l'âme de ce parti, mais que les Souverains de Madrid, de Vienne, ou tout autres, s'ils ont une correspondance avec les Tuileries, si les Tuileries connaissent et entrent pour quelque chose, ou pour beaucoup, dans l'exécution du plan, ces Souverains préféreront toujours, à ce que je pense, leur propre marche, à celle de qui agira pour les Tuileries sans les consulter ; que ce n'est pas à l'éloignement où nous sommes à juger de ce qui se passe ou se projette dans les Tuileries, que notre opinion peut-être détruite par une opinion contraire, nos rapports par d'autres rapports ; que cet objet est d'une telle importance qu'on ne peut douter que le Roi, ni l'Empereur se laissent endormir par des chimères impossibles à se réaliser ; qu'ils savent mieux que nous la possibilité ou l'impossibilité de faire ; que tant le Roi que l'Empereur ne disent que ce qu'il faut et qu'ils font bien ; que ma persuasion intime est, en combinant tout ce qui m'est revenu, que Madrid et Vienne n'agissent que de concert avec le roi et la reine de France. Si M. le comte d'Artois désire que je mette par écrit ce que je lui dirai, je le ferai, quoique sans ordre pour cela ; mais le moment me parait décisif, la circonstance urgente, et vous rendrez, je pense, un service bien essentiel à la cause commune, en portant l'Empereur à suivre le même plan du Roi, c'est-à-dire, à contenter M. le comte d'Artois et son parti, à lui faire entrevoir un espoir prochain et qui le lie à l'inaction par une perspective qui le flatte.

De vous à moi, je vous dis, sans pouvoir l'assurer, que je crois très-vrai tout ce que j'avance, tant par ce qui m'a été confié que par la combinaison des différentes lueurs de lumière qui me sont parvenues. Le Roi veut un accord parfait avec l'Empereur, et veut agir d'après les vœux et le désir du roi et de la reine de France.

J'ai beaucoup causé avec M. de Calonne sur l'Angleterre ; il m'a dit des choses qui m'ont surpris ; je dois avoir à Vicence la confirmation par une lettre de M. Pitt, qu'il me montrera et qu'il a laissée avec ses malles. Si elle est aussi positive qu'il le dit, il a rendu un grand service en le faisant parler net, mais il aurait dû nous le communiquer plus tôt. Je vous en parlerai encore ce soir. Je n'en fais mention ici que pour mémoire, car l'Empereur saura à cet égard bien plus que je ne sais, et vous me rendriez service en le priant de s'expliquer et me communiquer ce qu'il vous dira.

Je ne doute nullement, mon cher Collègue, du succès de votre mission. Votre loyauté, la sûreté de votre caractère personnel est si reconnue, que vous devez vous attendre à trouver partout de la confiance et de la franchise. Il est très-intéressant de s'entendre directement, et de gagner les moments en profitant des occasions vives, qui peut-être sont trop rares dans l'éloignement où les uns et les autres se trouvent réciproquement.

Bonsoir, mon cher Ambassadeur ; je ne vois pas à présent à courir après vous, je vous crois dans tous les embarras des arrangements de départ ; nous nous verrons plus tard.

Tout à vous de cœur et d'âme.

Signé : Las-Casas.

Nº 8.

Note historique sur le château de Framerville et documents relatifs au mariage de Caroline de Bombelles, avec le vicomte de Castéja.

Avant de parler du mariage qui doit fixer à Framerville la noble fille de M. de Bombelles, il est indispensable de dire un mot du château qu'elle doit habiter, de ses anciens et de ses nouveaux hôtes.

Tout porte à croire que, jusqu'au xviᵉ siècle, Framerville n'a été qu'un fief important, possédé successivement par les quatre familles de Longueval, d'Argies, de Boussies et de Rivery. Il est douteux qu'avant cette époque, le château ait été habité et selon toutes les probabilités, il n'y avait pour tout castel qu'une simple maison seigneuriale.

Le domaine de Framerville, aliéné par Jean de Rivery, fut acheté par Robert de Collemont, simple bourgeois d'Amiens, mais frère du célèbre Jean de Collemont, plusieurs fois mayeur de cette ville, et anobli en 1588 par Henri III ainsi que son neveu François de Collemont. Celui-ci ne reçut définitivement ses lettres de noblesse qu'en février 1592 sous le roi Henri IV. C'est le père de Claude de Collemont qui paraît avoir habité le premier l'ancien château, tombant alors de vétusté. Charles de Collemont, fils de ce dernier, fit reconstruire le château tel qu'on le voit aujourd'hui ; il y mourut quelques années après. Jean-Charles de Collemont, son fils, héritier de tous ses biens, mourut sans enfants.

Le domaine de Framerville passa à Marie-Geneviève Dufossé de Wateville. Celle-ci se maria, en 1750, à Messire Marguerite-François-Firmin Desfriches, comte Doria, marquis de Païen. Les Collemont avaient possédé Framerville, l'espace de deux siècles, de 1550 à 1750. (1)

M. Stanislas Catherine de Biaudos, comte de Castéja, colonel, commandant le régiment royal Comtois, épousa, le 3 février 1779, Marie-Elisabeth-Françoise Desfriches Doria, dame de Framerville. Elle mit au monde, le 22 janvier de l'année suivante, un fils qui reçut au baptême le nom d'André, et, en septembre 1781, naquit M. François de Castéja qui se distingua dans la carrière militaire où son père s'était couvert de gloire. M. André de Castéja, propriétaire du château et terres de Framerville, vendit toute la propriété à son frère, M. François de Castéja, sur le point d'épouser Mlle Caroline de Bombelles.

Le mariage célébré avec une grande pompe à Paris eut son digne lendemain à Framerville. M. Martin, chirurgien, maire de Framerville, complimenta les jeunes époux au nom de la commune. Mgr de Bombelles prononça un discours dans lequel il proposa comme modèle à M. de Castéja ses nobles ancêtres et à sa femme sa vertueuse mère.

(1) Collemont porte d'azur à la fasce d'argent chargée de 3 tourteaux de sable et accompagnée de 3 coquilles d'or, 2 en chef et 1 en pointe, supports 2 licornes, cimier 1 licorne naissante.

Le soir, M. Alissan de Chazet chanta les couplets suivants.

Couplets chantés le jour du mariage de Mlle Caroline de Bombelles avec M. le vicomte de Castéja.

Tendre Père, quand la gaieté
Célèbre ici votre présence,
Vous recevrez avec bonté
Mon tribut de reconnaissance.
J'eus part, dès mes plus jeunes ans,
A votre bienveillance extrême ;
Vous aviez déjà cinq enfants :
Vous en adoptiez un sixième.

Dans trois carrières, tour-à-tour
Marc obtiendra mon triple hommage ;
Guerrier loyal et sans détour
Il eut la palme du courage :
Jeune encor, *Condé*, sous ses yeux
Le conduisit à la victoire,
Plus tard, sous *Condé* malheureux,
Il resta fidèle à la gloire.

Lorsque la France vit son Roi
Esclave d'une horde impure,
L'Ambassadeur garda sa foi,
Et refusa d'être parjure.
Il restait pauvre, mais son cœur
A ses enfants léguait d'avance
Et la richesse de l'honneur,
Et la fierté de l'indigence.

D'une sainte religion
Devenu l'heureux interprète,
Pour mieux remplir sa mission
A notre faiblesse il se prête

Avec grâce, il sait nous parler :
Et l'on entend, à son école
Jamais le mot qui fait trembler
Et toujours le mot qui console.

Jeune épouse, de votre hymen
Célébrant la pompe sacrée
En Père, il vous a, ce matin,
Parlé d'une Mère adorée :
Dans son Eloge plein de feu,
Moi je n'ai rien trouvé d'étrange.
Etait-ce un ministre de Dieu
Qui pouvait oublier un Ange ?

Caroline, depuis longtemps
D'une Tante aimable et chérie
Recevait les soins carressants
Et près d'elle passait sa vie :
Heureuse de la conserver
Cette sœur, digne de son frère,
A sa nièce voulait prouver
Qu'elle avait encore une Mère.

Epoux dont un nœud solennel
A consacré la foi donnée
Et dont un Prélat paternel
Bénit la noble destinée,
J'ose vous prédire en ce jour
Une félicité parfaite ;
Mais je vous demande en retour
Votre amitié pour le Prophète.

M. le vicomte de Castéja faisait partie de la Chambre des députés, quand arriva la Révolution de 1830.

Mme de Castéja nommée, le 1er novembre 1820, dame pour accompagner Mme la duchesse de Berry, ne quitta ses fonctions qu'à la chute de Charles X.

Quoique vivant fort obscurément à Framerville, Mme de Castéja n'en conserva pas moins les meilleures relations avec les plus grandes dames de la Cour et pendant quelques années son château devint le rendez-vous de ce que la noblesse de France comptait de plus illustre.

La comtesse de Castéja vécut jusqu'à l'âge de 66 ans. Minée lentement par une affection cancéreuse, la courageuse Dame supporta ses atroces souffrances avec une résignation toute chrétienne et une virilité d'âme peu communes. Le trait suivant le prouve surabondamment.

L'avant-veille de sa mort, Mme la comtesse éprouvait de fréquentes défaillances ; elle se fit néanmoins transporter dans un fauteuil à l'endroit de son parc où elle désirait être enterrée. Là, sous ses yeux, elle fit creuser les fondations du caveau, s'occupa des plus minutieux détails avec autant de calme apparent que s'il s'était agi d'une étrangère, et, ce n'est qu'après avoir surveillé la lente exécution de ses ordres qu'elle se retira dans ses appartements pour ne plus s'occuper d'autre chose que de se préparer à la mort.

L'endroit du parc désigné comme lieu de sépulture, ne se trouvant pas dans les conditions légales, le corps de Mme la comtesse fut enterré dans le cimetière. M. le comte ne pouvait, en raison de son grand-âge, rester seul à Framerville ; il alla habiter Paris, non loin de M. le marquis de Castéja, son neveu, qu'il avait fait son héritier. Il y mourut l'année suivante dans sa 81ᵉ année. Ramené de Paris, il fut enterré près de Mᵐᵉ la comtesse.

La tombe où les corps furent déposés n'etant considérée que comme provisoire, on ne fut pas bien difficile sur le choix du terrain où on devait la creuser. Ce fut entre deux contre-forts extérieurs du chœur, que se fit cette double inhumation. Une grille en fer creux en ferma l'entrée et sur chacune des deux tombes, M. le marquis de Castéja fit placer deux petits carrés de marbre blanc, destinés à recevoir les inscriptions funéraires.

Sur la première on lit :

†

ICI REPOSE

MARIE-JEAN-FRANÇOIS DE BIAUDOS,
COMTE DE CASTÉJA,
DÉCÉDÉ LE 28 AOUT 1862, AGÉ DE 80 ANS ET 11 MOIS,
PRÈS DE SON ÉPOUSE,
EN ACCOMPLISSEMENT DE SA CONSTANTE VOLONTÉ.
IL FUT DÉPUTÉ DE LA SOMME,
LIEUTENANT-COLONEL DE CAVALERIE,
CHEVALIER DE SAINT-LOUIS,
CHEVALIER DE LA LÉGION D'HONNEUR,
CHEVALIER DE SAINT-JEAN DE JÉRUSALEM,
OFFICIER DE SAINT-FERDINAND D'ESPAGNE.

On lit sur la deuxième :

✝

ICI REPOSE

DAME CAROLINE ANTOINETTE DE BOMBELLES,
DÉCÉDÉE LE 6 MARS 1861, AGÉE DE 66 ANS,
PRÈS DE LA CHAPELLE ÉRIGÉE A SA MÉMOIRE
PAR SON ÉPOUX,
EN ACCOMPLISSEMENT DE SON DERNIER VOEU.

Le château avec ses dépendances était devenu la propriété de M. le marquis Léon de Castéja, qui, pendant cinq années, en resta le propriétaire, puis, sans que rien ait pu le faire pressentir, le château, les terres et les bois furent vendus à différents particuliers. Ceci se passait en juin 1866. Le château vendu, le tour du mobilier arriva bientôt (1).

Cette vente fut confiée à des hommes d'affaires, et, là comme ailleurs, on fit flèche de tout bois. Tout fut vendu ; tout, jusqu'aux moindres objets de toilette. J'ai entendu prononcer le mot sévère de profanation. Il ne m'appartient pas de le répéter ici. Peut-être aurait-on pu se dispenser de vendre la voilette de Madame. Cette voilette me rappelle un

(1) Dans la déclaration générale des biens du domaine pris sur les plans de la seigneurie de Framerville, en 1787, on voit que les terres labourables et enclos sont de deux cent soixante-trois journaux 78 verges et demie ; les bois 67 journaux 88 verges. Total aux terroirs de Framerville et de Vauvillers 331 journaux 66 verges et demie.

bouquet d'oranger qui faillit avoir le même sort. Déjà la voix du crieur avait fait entendre la formule accoutumée : Qui met à prix ? quand un habitant de Framerville (1) pria qu'on le lui adjugeât sans plus de façons. Il lui fut donné, et sur le carton qui le renfermait, il lut avec joie cette inscription échappée à l'œil de l'officier ministériel :

Bouquet fait par Mme la duchesse de Berry et offert à Caroline de Bombelles, le jour de son mariage avec M. de Castéja. Au moins plus heureux que sa sœur la voilette, le royal bouquet ne fut pas vendu.

Le bouquet de la duchesse de Berry a eu son pendant.

Personne n'ignore à Framerville qu'au fond des tiroirs des meubles achetés à la vente, se retrouvèrent des lettres et des papiers de famille échappés à un coup d'œil trop rapide, ou bien négligés alors, enfin oubliés.

Des papiers ! passe encore, mais chose plus étonnante, tous les objets appartenant aux héritiers de Mme de Castéja avaient déjà pris le chemin de Vienne quand, au fond d'une armoire poudreuse, apparut une petite toile peinte à l'huile et représentant une femme d'un certain âge. Quelle était cette femme ? Pourquoi ce tableau, veuf de son cadre, se trouvait-il relégué dans ce coin obscur ? Quelques mots d'explication vont nous l'apprendre.

Mlle de Bombelles était la filleule de la reine Caroline qui lui avait donné son nom. Tout naturellement, quand elle dut se marier avec M. de Castéja, elle s'empressa de faire part de sa prochaine union à la fille de sa marraine Marie Amélie, femme de Louis-Philippe d'Orléans.

(1) M. Poiré, père.

La future reine des Français lui répondit la lettre suivante :

Neuilly, le 4 juillet 1819.

Ma chère Caroline, héritière des sentiments de ma
bien-aimée Mère pour vous et pour votre digne père, je
m'empresse de former des vœux bien sincères, pour que
vous retrouviez, dans l'union que vous allez contracter, tout
le bonheur que vous méritez. Acceptez de la fille de votre
Respectable Marraine ce petit souvenir, qui en rappelant
l'objet chéri de tous mes regrets vous est aussi un gage des
sentiments d'estime et d'amitié de votre bien affetionnée,

MARIE-AMÉLIE.

La princesse Marie-Amélie n'avait rien trouvé de plus dé-
licat que d'envoyer à Mlle de Bombelles les traits chéris de
sa marraine, comme cadeau de noces, et nul doute que ce
gracieux envoi fut parfaitement accueilli.

On était alors en juillet 1819.

Onze ans plus tard, dans le même mois de juillet, une
révolution politique éclatait ; les Bourbons détrônés prenaient le chemin de l'exil et le cadeau de noces, celui de
l'armoire où il est resté enseveli plus de trente ans.

Qu'est devenu aujourd'hui ce portrait ? Je l'ignore.

Nous avons dit, en parlant des Collemont, que leurs armes
apparaissaient au fronton du château. Ces armoiries étaient
fort belles et ne comprenaient pas moins de quatre mètres
de large dans leur partie inférieure. Quand au mois de
juin 1790, l'Assemblée eut décrété la suppression des inscriptions et emblêmes contraires aux principes de la Révolution, et ordonné d'anéantir toutes les armoiries, les hôtes

du château de Framerville s'ingénièrent à protéger celles qui décoraient leur castel. Mais comment cacher la fraude ?

Quel moyen assez ingénieux pourra-t-on trouver pour voiler, sans éveiller les soupçons, ces grandes armes avec les licornes qui les supportent? Comment surtout les soustraire aux regards vigilants des Argus de la Révolution ?

Tant bien que mal, on fit coller sur le sujet dans toute son étendue plusieurs doubles de papier sur lesquels on gâcha grossièrement du plâtre, de façon à imiter les parties frustres de la pierre.

On s'applaudissait du stratagème, quant à quelques jours de là, un des sinistres émissaires des potentats du Vandalisme se présente au château, exige qu'on enlève immédiatement les insignes des ci-devant seigneurs. En vain, on lui montre le tympan en apparence mutilé ! « Je sais, je sais », dit-il, et s'emparant du ciseau et du marteau, à l'aide d'une échelle, il fait tomber la fragile enveloppe, et frappe sans pitié à coups redoublés les belles armoiries qui volent en éclats (1).

A Framerville comme en beaucoup d'autres lieux, le château possédait de temps immémorial, le privilége d'entrer dans l'église par une porte affectée exclusivement à cet usage.

Le caveau du château était placé dans le chœur du côté de l'Evangile. Quand on repava le chœur, on plaça en avant de la grille de communion et à égale distance des deux murs latéraux les pierres destinées à recevoir des inscriptions commémoratives ; aucun autre motif que l'amour de la symétrie n'obligeait à leur faire occuper cette place. Elles sont en marbre noir.

(1) Renseignements fournis par M. le comte de Castéja.

Nous les reproduisons textuellement :

Inscriptions gravées sur les tombes de l'église.

Ci-gisnet

Ici Repose	Messires	Dames
Dame Marie-Françoise	Claude DE COLLEMONT † (1) 1694	Marie DE PARISIS † 1693
Elisabeth-Desfriches DORIA	Charles id. 1703	et Martine DE COLLEMONT 1693
Veuve de Stanislas-Catherine	Jean 1744	Françoise DE COLLEMONT
DE BIAUDOS DE CASTÉJA	Chevaliers-seigneurs	Messire F comte DE WATEVILLE 1763
Décédée le 20 avril 1803	de	époux de Marie-Françoise DE COLLEMONT
Agée de 49 ans	Framerville, Herleville	
Fille, épouse et mère	et	André François Vicomte Doria
Elle chérit ses devoirs.	Rainecourt.	mort à 16 ans 1764
Qui la connut, l'aima.		fils de Marie-Geneviève DE
Le pauvre perd en elle		WATTEVILLE, comtesse DORIA
Un soutien, la vertu un modèle		dame DE FRAMERVILLE
Et la religion des exemples		HERLEVILLE RAINECOURT BELLEUSE etc.
		frère de M. F. Elisabeth
Priez pour Elle.		comtesse de CASTÉJA
	(1) Ce signe signifie mort.	inhumée ci-contre.

NOTA. — Cette liste est incomplète. Françoise-Martin, épouse de Charles Collemont n'y est point portée.

N° 9.

Carta del Sor Conde de Artois al Rey.

Monsieur mon frère et cousin,

J'ai l'honneur d'envoyer à Votre Majesté un mémoire qui lui fera connaître la vraie position de la France, les dangers affreux dont ce royaume est menacé et les seules ressources qui sont offertes par la situation actuelle des choses et des esprits. Je soumets en même temps à la sagesse de Votre Majesté, le projet d'une protestation de toute notre maison: cet acte solennel est suffisamment motivé par les atteintes portées au trône de nos Pères et à notre sainte Religion. Son succès serait certain, et les Bourbons acquerreront de nouveaux droits à l'amour et à la reconnaissance de tous les vrais français.

Je n'entrerai point ici dans de plus grands détails ; Votre Majesté lira et jugera. Puissé-je être assez heureux pour la bien persuader que ma conduite mérite son estime et que je suis digne de sa confiance. Mais puissé-je avant tout avoir convaincu Votre Majesté que le moment d'agir est arrivé, que tout retard serait également funeste à l'intérêt ainsi qu'à la gloire des deux Couronnes et déterminer enfin une démarche qui pourrait opérer seule le salut de la France, qui rétablirait le calme et la tranquilité dans l'Europe entière et qui prouverait en même temps l'attachement inviolable des Bourbons à notre Religion.

Les malheurs de ma famille, me mettent en droit de faire entendre ma voix et mes protestations, mais c'est à Votre

Majesté qu'il appartient d'appuyer, de fortifier et de donner du poids à mes trop justes réclamations.

Je ne rappellerai point ici ce que je dois à Votre Majesté de dévouement et de confiance, mais je lui en donne une nouvelle preuve en m'ouvrant à Elle sans mesure, et en lui promettant d'employer tous mes efforts pour calmer et pour retenir l'explosion prête à éclater d'un bout du Royaume à l'autre, jusqu'au moment où Votre Majesté aura daigné me faire connaître en détail ses véritables intentions. Cependant, trop franc pour rien dissimuler et trop fidèle aux devoirs que l'honneur m'impose, pour jamais m'en écarter, je ne cacherai point à Votre Majesté, qu'il m'est impossible de répondre de pouvoir contenir les provinces du Royaume, plus d'un mois ou six semaines sans risquer de tout perdre par le découragement ; mais si d'ici à l'époque du retour du courrier que j'envoie à Votre Majesté, je me trouvais entraîné par les circonstances, je m'engage à ne me livrer aux avances qui pourraient m'être faites, qu'avec la certitude de réunir assez de moyens pour me maintenir, par moi seul, au moins deux ou trois mois dans la province qui m'aurait appelé.

Cette résolution dictée par la prudence, autant que par le devoir, doit plaire à l'âme noble de Votre Majesté, et j'ai l'amour-propre de croire qu'elle m'acquérera plus que jamais, son estime ; le prix que j'y attache ne peut-être égalé que par les sentiments d'amitié et de respect avec lesquels je suis,

Monsieur mon frère et cousin,

De Votre Majesté :

Le très-affectionné frère, cousin et serviteur,

CHARLES-PHILIPPE.

Venise, ce 1er Mars 1791.

N° 10.

Lettre de M. le Comte d'Artois à M. le Comte Florida-blanca.

Venise, le 2 Mars 1791.

Je n'abuserai point de votre patience, Monsieur, en vous écrivant une longue lettre. Tout ce que je pense et tout ce qu'il m'est important que vous connaissiez est consigné dans ce que j'envoie aujourd'hui au Roi mon Cousin. Vous la lirez avec l'attention que mérite une telle affaire, et votre approbation sera un bonheur réel pour moi. Je vous prie seulement d'observer avec quelle juste impatience j'attendrai le retour du courrier.

J'attache un grand prix à votre estime ; ma confiance, comme vous voyez, est sans bornes, et je ne néglige aucune occasion de vous renouveler, Monsieur, la ferme assurance de tous les sentiments, que je vous ai voués pour la vie.

Le Comte d'Artois.

Nᵒ 11.

La mésintelligence étant survenue entre M. de Calonne et le baron de Breteuil, ancien protecteur de M. de Bombelles, ce dernier fut accusé par l'envie d'avoir montré la correspondance secrète du Comte à M. de Breteuil, accrédité par Louis XVI auprès des puissances.

Ces bruits calomnieux semblèrent trouver un moment créance auprès du Comte d'Artois, et sans le zèle dévoué de M. de Las Cazas, plus au courant que personne de la conduite de M. de Bombelles, celui-ci était injustement sacrifié à l'intrigue et à la cabale.

On en trouvera la preuve dans la lettre suivante adressée au Comte d'Artois.

Lettre de M. de Las-Cazas.

Monseigneur,

(Après quelques détails qui n'intéressent que la politique et que je supprime pour cette raison, l'ambassadeur poursuit).

. . . . , ...

Monseigneur a la bonté de me marquer que les Princes ne rapprocheront d'eux que les personnes en qui ils pourraient avoir confiance. C'est parfait dans des temps calmes, dans ceux ou l'autorité, qui doit être unique, est universellement reconnue. Mais que Monseigneur me permette de lui observer respectueusement que, dans ce moment-ci, lorsque les opinions sont si contradictoires, le bien si difficile et qu'il ne faut chercher que le bien, il serait peut-être convenable de s'attacher les hommes, qui peuvent barrer, mettre des entraves ou des embarras. Un prince tel que Monseigneur qui fait par lui-même, et qui est doué de toutes les qualités qu'exige le grand rôle auquel il est appelé par les malheurs de sa patrie, peut sans risque composer son conseil d'hommes de différentes opinions, il mettra chacun à sa place, se servira des talents de chacun, et neutralisera parfaitement ceux qui pourraient être embarrassants ou dangereux.

A cette occasion, je me crois permis, et je pense même devoir à mon respect et à mon attachement pour Monseigneur de lui parler encore de M. de Bombelles. Monseigneur se rappellera que je lui représentai dans le temps, à Vienne, combien il était bienséant et important d'imposer un silence absolu sur tout ce qui avait occasionné son mécontentement, et que Monseigneur parut approuver cette délicatesse. Ses intentions n'ont cependant pas été suivies, et j'apprends à regret qu'on accuse à Coblentz M. de Bombelles d'avoir trahi la confiance de Monseigneur en montrant sa correspondance au Baron de Breteuil, que ce bruit injurieux s'est accrédité, qu'il circule à Trèves, à Worms et Coblentz.

Monseigneur sentira que si ce bruit est fâcheux pour M. de Bombelles, il n'est pas moins nuisible à la chose publique, puisqu'il prouve que les haines et l'esprit de parti et d'intrigue, que les malheurs devraient étouffer, semblent se continuer, et prendre de l'essor. Il n'y a que Monseigneur qui puisse y mettre fin par son autorité, et je pense que la bonté et l'équité de son cœur le lui conseilleront. Je suis intimement persuadé que cette odieuse inculpation porte à faux, et que M. de Bombelles a fidèlement servi Monseigneur ; toute sa correspondance avec M. de Breteuil, que j'ai vue, en fait foi ; c'est d'après cela et d'après la grande connaissance que j'ai de son caractère, que je trouverais aussi sage que juste, que Monseigneur dise et lui écrive, que Monseigneur est convaincu avec plaisir de la bonne conduite qu'il a tenue dans une circonstance délicate, et qu'il peut compter à l'avenir, comme par le passé, sur la parfaite estime de Monseigneur et sur sa sensibilité au zèle qu'il a toujours montrée pour la cause Royale, et pour les intérêts de Monseigneur.

Je crois ne rien proposer que Monseigneur ne sente dans le fond de son cœur. Monseigneur a toujours rendu justice à sa conduite précédente, l'a appelé à sa confiance, m'en a parlé avec satisfaction : il a obéi aux ordres du Roi ; le taire, n'était pas une trahison : il a cherché à combiner son obéissance avec les vues de Monseigneur, d'un frère fidèle à ses devoirs, et le soutien du trône ; il a obtenu de l'Empereur plusieurs des objets que Monseigneur désirait : il est prouvé qu'il a utilement servi Monseigneur, il ne l'est pas qu'il l'ait desservi. D'ailleurs en attaquant le fidèle serviteur des ordres du Roi, ne compromet-on pas Sa Majesté par les propos qu'on y tient ?

Cette affaire tire de désespoir et d'affliction M. de Bombelles ; en entâchant la réputation d'un homme d'honneur, en le noircissant, on le pousse à bout : il fera tout ce qui sera raisonnable de faire pour porter la conviction dans l'esprit de Monseigneur, et je ne doute pas que Monseigneur ne lui rende la justice qui lui sera due.

Que Monseigneur ne croie pas que le seul sentiment qui me porte à ces instances, soit celui de mon amitié pour M. de Bombelles ; mon attachement pour Monseigneur et pour sa gloire m'y portent bien plus encore. J'ai été le confrère de

M. de Bombelles, je lui ai toujours reconnu de l'honneur, et une réputation au-dessus des soupçons. Le roi de France, le roi et la reine de Naples l'honorent de leurs bontés, le roi d'Espagne même en a la meilleure opinion, je le sais à n'en pouvoir douter. Combien il m'est douloureux qu'en réunissant l'estime et le suffrage de tous les rois Bourbons, Monseigneur seul paraît hésiter sur son compte, et qu'on se permette dans son palais, dans sa cour, des propos légers, frivoles, inconséquents ou méchants ! Faites-les cesser, Monseigneur, et ne voyez pas M. de Bombelles, si vous avez de l'éloignement pour sa personne : son cœur en souffrira, mais son honneur ne sera plus compromis.

Je suis avec respect,

De Monseigneur,

Le très-humble, etc.

Las-Casas.

A Venise, le 26 août 1791.

Pour justifier son ami, l'ambassadeur d'Espagne, comme on a pu s'en convaincre, tient au comte un langage ferme avec un accent de vérité bien propre à ouvrir des yeux qu'on cherchait à aveugler. Il faudrait que les princes et les rois fussent assez heureux pour trouver toujours à leurs côtés des hommes de ce caractère, assez courageux pour leur dire la vérité.

N° 12. (1)

Cérémonie relative à la pose de la première pierre de la Chapelle élevée dans le parc du château de Rosny (2), et destinée à recevoir le cœur de S.A.R. Mgr le duc de Berry.

S.A.R. Mme la duchesse de Berry, partie des Tuileries le 3 novembre 1820, à dix heures du matin, est arrivée au château de Rosny à deux heures et demie, à Saint-Germain-en-Laye, à Poissy, à Meulan, à Mantes, les Gardes-Nationales ayant à leur tête le Maire, les Adjoints et le Corps Municipal, étaient rangés sur le parcours de S.A.R. M. le Sous-Préfet de l'arrondissement de Mantes et M. le Préfet du département de Seine-et-Oise s'étaient réunis à la Garde Nationale et au Corps Municipal de la ville de Mantes. Dès la veille, M. le baron de Farincour, lieutenant-colonel du 6e régiment de la Garde Royale, commandant par intérim le département de Seine-et-Oise, et M. le Capitaine de la Gendarmerie royale, s'étaient rendus à Rosny.

Partout un grand concours de citoyens de toutes les classes s'est porté au lieu des relais et a fait retentir l'air des plus vives acclamations.

Le 4, à midi, M. de Bombelles, évêque d'Amiens, premier aumônier de S.A.R., accompagné de M. le doyen de Mantes et du curé-desservant de Rosny, s'est transporté processionnellement aux fondations de la chapelle qui doit recevoir le cœur de S.A.R. Mgr le duc de Berry, et a com-

(1) Extrait du Mémorial administratif de la Préfecture de Seine-et-Oise, n° 41, année 1820.

(2) Village et château près de Mantes (Seine-et-Oise), où naquit Sully, ami et conseiller de Henri IV (1560-1641).

mencé les prières, bénédictions et aspersions prescrites par le rituel.

A la suite des litanies, Mme la duchesse de Berry étant arrivée, Mgr l'Evêque lui a adressé un discours dont le texte a été : *Beati qui lugent quia consolantur*. Il lui a représenté, dans les termes les plus touchants, tout ce qu'elle a eu à souffrir depuis sa naissance jusqu'au jour où elle fut heureuse; il lui a rappelé les diverses circonstances qui ont marqué sur elle le doigt de Dieu, entre autres celle qui, quinze ans après sa naissance, la transporta, au milieu d'une violente tempête, de l'un à l'autre royaume de sa famille, et celle où saint Louis vint lui apparaître, pour la préparer aux grandes destinées qui lui sont réservées. Après avoir énuméré toutes les acclamations dont la naissance de Mgr le duc de Bordeaux (1) a été l'objet, d'une extrémité à l'autre du royaume, après avoir fait sentir toute la sublimité de la religion catholique, apostolique et romaine, que le peuple a si bien prouvé être la religion de l'Etat, après avoir dignement loué le choix de l'emplacement, sis au milieu des pauvres, où doit être déposé le cœur de Mgr le duc de Berry, Mgr l'Evêque se portant dans l'avenir, a peint la Princesse, nouvelle Blanche de Castille, élevant Henri V sur les nobles et pieux exemples de ses ancêtres, lui faisant respirer l'air des bosquets où le plus fidèle des sujets d'Henri IV n'eut jamais, et d'accord avec son maître, que des sentiments consacrés au bonheur de la France, et le ramenant souvent près du cœur de son illustre père pour y puiser le germe de toutes les vertus.

Après ce discours, toujours suivant les usages de l'Eglise, Mgr l'Evêque a appelé S.A.R. à poser la première pierre.

(1) Aujourd'hui M. le comte de Chambord.

Après que cette pose a été terminée, et avant de retourner au château, Mgr l'Evêque d'Amiens a fait une allocution touchante aux fidèles réunis, pour les exhorter à profiter des exemples de piété qu'ils avaient sous les yeux, et leur faire sentir que la religion seule peut être la base du bonheur, et que c'était uniquement par l'union de la piété de leurs ancêtres et de leur attachement à leur souverain légitime qu'ils pouvaient être heureux dans ce monde et arriver à la félicité éternelle.

Le tout s'est terminé par un *Te Deum* et le retour processionnel au château, auquel s'est jointe Mme la duchesse de Berry et toute sa suite. Il est impossible de décrire le recueillement et l'attendrissement dont était pénétrées toutes les personnes qui ont assisté à cette touchante cérémonie. Un respectueux silence, un profond recueillement exprimèrent seuls la plus juste admiration pour l'auguste veuve, et le témoignage de ce que chacun éprouvait à sa vue. Jamais les Français n'observèrent mieux le sentiment des convenances ; ce n'était pas le jour des cris d'allégresse, c'était celui de l'attendrissement, de la piété, et chacun en offrit l'image la moins équivoque et la plus expressive.

Aussitôt après sa rentrée dans ses appartements, S.A.R. a daigné recevoir les diverses autorités de la ville et de l'arrondissement de Mantes. M. le baron des Touches qui était à la tête adressa à S.A.R. le discours suivant :

« Madame, je viens, au nom de mes administrés, déposer aux pieds de V.A.R. l'hommage du plus respectueux dévouement. Au milieu des monuments qui leur retracent, à chaque pas, la grandeur et les bienfaits de vos illustres aïeux, les habitants de Seine-et-Oise savent dignement apprécier le nouveau dépôt qui leur est destiné ; dépôt d'autant plus précieux qu'il fixe au milieu d'eux, et l'héroïque Princesse qui, dans l'intérêt de la France, sut s'élever au-dessus de la plus juste douleur, et ce jeune Prince, objet de tant de vœux et d'espérance, dont le berceau a été unanimement salué par tous les rois de l'Europe, comme par tous les Français, de si vives et de si sincères acclamations.

» Madame, si la religion du *serment* doit jamais être et plus inviolable et plus sacrée, c'est dans ce château dont le nom seul rappelle tant de souvenirs d'amour et de fidélité, c'est dans ce jour solennel dont tant de motifs font invoquer le patron (1), c'est au moment de cette cérémonie dont le noble but excite, dans tous les cœurs, de si touchantes émotions.

» Daigne V.A.R. agréer *celui* que nous renouvelons en ses mains, d'être à jamais fidèles au Roi et à sa dynastie, d'aimer et de servir avec ardeur l'auguste rejeton que le ciel, dans son infinie bonté, a accordé à sa mère comme un consolateur, et à la France reconnaissante comme un nouveau gage de paix, d'union et de bonheur. »

S.A.R. a répondu qu'elle connaissait les bons sentiments de M. le Préfet et de ses administrés, qu'elle savait la part qu'ils ont prise à ses malheurs et qu'elle les en remerciait ; elle a ajouté qu'elle comptait sur leur attachement pour son fils et pour elle. S.A.R. a admis ensuite les gardes nationales de Mantes à défiler devant elle.

Des sommes considérables d'argent ont été données aux pauvres de Rosny, et d'autres sommes ont été remises, de la part de S.A.R., aux maires de Mantes, Meulan, Poissy et Saint-Germain-en-Laye. Des médailles frappées à l'oc-

______

(1) S. Charles Borromée, patron de Mgr Charles-Ferdinand, duc de Berry.

casion de cette cérémonie ont été distribuées aux témoins et aux principales autorités ; il en a été destiné un nombre considérable pour tous les notables habitants de Rosny. Le procès-verbal de la cérémonie a ensuite été signé par S.A.R., par les diverses personnes qu'elle avait appelées comme témoins, par celles à qui elle a voulu accorder le même honneur et par M<gr> l'évêque d'Amiens, son premier aumônier.

Procès-verbal de la pose de la première pierre de la Chapelle élevée dans le parc du château de Rosny, pour recevoir le cœur de feu S.A.R. M<gr> le duc de Berry.

« Ce jourd'hui samedi 4 novembre 1820, jour de saint Charles, à une heure après-midi.

» Nous, Louis-Charles-Bonaventure-Pierre comte de Mesnard, premier écuyer de S.A.R. M<me> la duchesse de Berry, maréchal des camps et armées du Roi, chevalier de l'Ordre royal et militaire de Saint-Louis et de l'Ordre royal de la Légion d'honneur.

» Et M. Frœlicher, architecte chargé de la construction du monument.

» Et M. Alexandre-Etienne-Guillaume Hersant baron Des Touches, préfet du département de Seine-et-Oise.

» Et M. Alfred-Félix-Michel de Roissy, sous-préfet de l'arrondissement de Mantes.

» Et Maurice-Parfait Tollay, maire de la commune de Rosny.

» Et Pierre-Augustin Chandellier, curé de ladite commune.

» Tous quatre appelés de la part de S.A.R. M<me> la duchesse de Berry, pour assister comme témoins.

» Nous étant transportés sur l'emplacement situé dans le

parc du château de Rosny, à gauche de l'entrée où doit être érigée la chapelle destinée à recevoir le cœur de feu S.A.R. Mgr le duc de Berry, à l'effet d'assister à la pose de la première pierre de ce monument, qui doit être faite ce jour par S.A.R. Mme la duchesse de Berry.

« Accompagnés comme dessus, après avoir reconnu que toutes les dispositions convenables pour la cérémonie étaient faites ; informés de l'arrivée de S.A.R. Mme la duchesse de Berry, nous nous sommes rendus au-devant de S.A.R. et l'avons conduite sur l'emplacement dudit monument.

» S.A.R. Mme la duchesse de Berry était accompagnée de M. Marc-Marie de Bombelles, évêque d'Amiens, premier aumônier de S.A.R ; Mme Marie-Charlotte-Julienne-Eugénie de Coucy, Maréchale Oudinot, duchesse de Reggio, sa dame d'honneur ; Mme Mélanie de Périgord, comtesse de Noailles, sa dame d'atours ; Mme Zélie-Louise Carère, comtesse de Bouillé ; Mme Adèle-Mathilde-Emmanuel de Gernonval-Desquebec, comtesse de Béthisy ; Mme Albertine de Montboissier, marquise de Gourgues ; Mme Suzette de Latour-en-Voivre, comtesse de Meffray ; toutes Dames attachées à S.A.R.

» De S.E. Fabrice Ruffo, prince de Castelcicala, duc et marquis de Calvetto, ambassadeur de S.M. le Roi des Deux-Siciles, son gentilhomme de la chambre, chevalier grand'croix de ses Ordres.

» Aussitôt après l'arrivée de S.A.R., Mgr l'évêque, premier aumônier de S.A.R., a fait les prières d'usage, puis nous avons présenté à S.A.R. une boîte ouverte, en bois de cèdre, recouverte en plomb, contenant :

1° Deux médailles en platine, du diamètre de 22 lignes, à

l'effigie de LL.AA.RR. Mgr et Mme la duchesse de Berry dont l'une a pour revers l'inscription suivante :

ROSNIACO.

Car. Ferd. Borboniacæ Mærentis Desiderio Ill. pr.

Conjugis Car. Ferdinandi Borboniaci Biturriencis Ducis
Patris Pauperum sacello cor situm fuit.
Anno MDCCCXX.

Et l'autre, l'inscription française suivante :

INSCRIPTION.

Dans cet asile sacré,
au milieu des Orphelins et des Pauvres
Qu'il a toujours secourus,

REPOSE

Le coeur magnanime de Ch. F. duc de Berry,
sa veuve inconsolable a marqué sa place auprès de lui,
le 4 novembre 1820.

2° De quatre autres médailles du même modèle, dont une en argent et une en bronze, avec l'inscription latine ; et une en argent et une en bronze, avec l'inscription française.

3° De six autres médailles en platine et du diamètre de 9 lignes et portant : 1re. Effigie du Roi; au revers : *Ne dis plus, ô Jacob ! que le Seigneur sommeille,* 29 septembre 1820.

2ᵐᵉ. Effigie de Monsieur, frère du Roi ; au revers : *Il y a un Français de plus,* 29 *septembre* 1820. **3ᵐᵉ.** Effigie de S.A.R. Mᵐᵉ la duchesse d'Angoulême ; au revers : *Ame céleste, nos cœurs sont à jamais à toi !* **4ᵐᵉ.** Effigie de M. le duc d'Angoulême, au revers : *La divine Providence lui a rendu un frère,* le 29 *septembre* 1820. **5ᵐᵉ.** Effigie de Mᵍʳ le duc de Bordeaux, exergue : *duc de Bordeaux, né le* 29 *septembre* 1820 ; au revers : *une ancre,* et pour exergue : *L'espérance de la France.* **6ᵉ.** Effigie de Mᵐᵉ la duchesse de Berry ; au revers : *Nous qui souffrions de sa douleur, couronnons tous la jeune veuve,* 29 *septembre* 1820.

4° En monnaie courante : une pièce de 40 fr., une de 20 fr., une de 5 fr., une de 2 fr., une de 1 fr., une de 50 cent., et une de 25 cent., en tout sept pièces, dont deux en or et cinq en argent, au type de 1820.

5° Un exemplaire relié en maroquin noir aux armes de S.A.R., de l'ouvrage de M. de Chateaubriand, intitulé : *Mémoire sur la vie de Mᵍʳ le duc de Berry.*

Et 6° une plaque de cuivre sur laquelle est gravée l'inscription suivante :

L'an de grâce 1820, le samedi 4ᵐᵉ jour de novembre, fête de Saint-Charles, la première pierre de ce monument religieux, consacré à la mémoire de très-haut, très-puissant prince, Charles-Ferdinand d'Artois, duc de Berry, fils de France, né à Versailles le 24 janvier 1778, mort à Paris, le 14 février 1820, cruellement assassiné, et destiné à recevoir le cœur de ce Prince, a été posée par très-haute, très-puissante princesse, Marie-Caroline-Ferdinande, princesse des Deux-Siciles, duchesse de Berry, sa veuve, fondatrice de cet hospice, en mémoire de son auguste époux, le bienfaiteur des pauvres ;

Et en présence :

De M. de Bombelles, évêque d'Amiens, premier aumônier ;

De M. le comte de Mesnard, premier écuyer et gouverneur du château de Rosny ;

De Mme la duchesse de Reggio, dame d'honneur ;

De Mme la comtesse de Noailles, dame d'atours ;

De MM^mes la comtesse de Bouillé,

    »   »   de Béthizy,   Dames atachées à

    » la marquise de Gourgues,   S.A.R. ;

    » la comtesse de Meffray,

De S.Exc. le prince le Castelcicala, ambassadeur de S.M. le roi de Naples ;

De M. le baron des Touches, préfet du département de Seine-et-Oise,

De M. de Roissy, sous-préfet de Mantes,   Témoins ;

De M. Tollay, maire de Rosny,

De M. Chandellier, curé de Rosny,

De M. Frœlicher, architecte, chargé de la construction du monument,

De M. Alary, entrepreneur de maçonnerie.

Après que S.A.R. eût examiné et reconnu ces objets, nous avons fermé la boîte, et nous l'avons fait sceller, puis l'avons remise à M. Frœlicher, architecte, qui l'a aussitôt placée dans une ouverture pratiquée à la première assise du soubassement du premier pilier à gauche du sanctuaire de la Chapelle.

Ensuite M. Frœlicher nous a remis et nous avons présenté à S.A.R. une truelle d'argent avec une auge de même métal.

S.A.R. ayant reçu la truelle et pris du mortier, a fait

elle-même le premier scellement de l'ouverture, et immédiatement après, toujours en sa présence, l'architecte a fait recouvrir cette assise d'une autre pierre formant la deuxième, puis d'une troisième.

Cette opération faite, S.A.R. s'est retirée avec toutes les personnes de sa suite, et nous avons dressé le présent procès-verbal, qui a été signé par toutes les personnes y énoncées ; ledit procès-verbal, fait en triple expédition, dont une a été remise à M. le Préfet du département de Seine-et-Oise, pour être déposée aux archives de la Préfecture ; la deuxième au maire de Rosny, pour être déposée dans les archives du château.

Fait à Rosny le jour, mois et que ci-dessus.

Signé : MARIE-CAROLINE ; L.C.-B.-P. comte DE MESNARD ; baron DES TOUCHES ; Alf. DE ROISSY ; TOLLAY ; CHANDELLIER, curé de Rosny ; la Maréchale OUDINOT, duchesse DE REGGIO ; PÉRIGORD, comtesse DE NOAILLES ; CARRÈRE, comtesse DE BOUILLÉ ; comtesse DE BÉTHIZY née D'ESQUELBECQ ; MONTBOISSIER, marquise DE GOURGUES ; LA TOUR, comtesse DE MEFFRAY ; le prince DE CASTELCICALA ; MARC-MARIE, évêque d'Amiens.

Pour copie conforme :

Le Conseiller de Préfecture, Secrétaire-général délégué :

H^{te} RICHAUD.

Une relation plus détaillée a été faite de ce voyage de Rosny, elle a pour titre : *La duchesse de Berry au château de Rosny ;* par Th. Delbare.

(Brochure in-8° : Paris. Adrien Le Clère).

N° 13.

Fragments sur la notice faite par Mlle la comtesse Marie de Bombelles.

Qui me donnera de retourner aux souvenirs de mon enfance, pour retracer quelque chose de la tendresse de notre bon père ? Après nous avoir donné la vie du corps, il nous donna bien plus encore : celle de l'âme. C'est lui qui nous a enseigné les premiers principes de notre sainte religion ; pour cette instruction, il ne s'en remettait à personne ; aussi, était-ce la préférée ; celle qui nous faisait le plus d'impression. C'était lui qui, tout occupé qu'il était de son régiment qu'il aimait tant, de son service militaire, c'était lui, cependant, qui, tous les jours, s'agenouillait avec nous, pour nous faire faire les prières du matin et du soir ; c'était lui qui nous menait à l'église....

» Les précautions de ce bon père, pour préserver mon innocence, étaient si grandes, que bien des années après, ce tendre père me disait en souriant : « il faut avouer que tu n'as jamais été mieux gardée qu'au régiment. »

» La charité était un des traits caractéristiques de notre bien-aimé père ; il la pratiquait presque depuis l'enfance, autant que ses moyens de pauvre émigré le lui permettaient. Etant jeune officier de 15 à 16 ans, il rencontra une pauvre veuve à laquelle il donna tout ce qu'il put ; il aimait à redire de combien de vœux et de bénédictions, la pauvre femme avait accompagné ses remerciements. Il aimait plus encore à nous raconter combien sa mère lui avait laissé d'exemples de la charité la plus sublime. Elle était à Brünn (en Moravie), disait-il, émigrée et bien peu riche, et cependant, après sa mort, les nombreux pauvres de la ville, qu'elle avait trouvé le moyen de soulager, vinrent tout en pleurs à son cercueil, priant, conjurant, qu'on le rouvrît, parce qu'ils voulaient tous une fois encore revoir leur bienfaitrice, leur mère !....

» Placé à la cour de Parme, mon père eut, pendant de longues années, la consolation de seconder énergiquement les intentions de Mme l'archiduchesse Marie-Louise, duchesse de Parme, dont on raconte encore aujourd'hui les innombrables bienfaits. « Partout où je rencontre une institution bonne et utile, je retrouve votre nom » lui écrivait l'auguste princesse qui gouverne maintenant ce duché !...

» La confiance en Dieu de ce bon père, sa résignation égalaient sa foi et sa charité. Les vertus se montraient surtout d'une manière sublime dans les peines et les douleurs dont sa vie était traversée !... Je conserve précieusement une *Petite journée du Chrétien*, que sa mère lui avait donnée lorsqu'il n'avait que douze ans. « Jamais elle ne m'a quittée, me disait-il : elle m'a suivi dans toutes les guerres que j'ai faites ; avec mon petit livre, en me recommandant à la sainte Vierge et à mon Ange gardien, je ne craignais rien.» Dans une circonstance où l'accomplissement d'un devoir essentiel l'avait exposé à un péril imminent, je lui disais : « Vous le savez : j'ai tremblé pour votre vie ! qu'avez-vous pensé vous-même » ! « J'ai pensé, me répondit-il, que pas un de mes cheveux ne pouvait tomber sans la permission de Dieu, et jamais je n'ai été plus tranquille. »

» Ce bon père avait l'âme si généreuse, qu'il ne savait pas ce que c'était que la rancune. Un de ses amis, qui avait parfaitement saisi cette fibre de son cœur, lui écrivait une fois : « Je vous recommande NN. Comme vous avez eu à vous plaindre de lui dans telle occasion, je pense que ce sera sa meilleure recommandation. » Il ne se trompait pas. Dans des circonstances bien plus difficiles encore, je l'ai vu, des mois entiers, s'occuper d'affaires avec des personnes desquelles il avait gravement à se plaindre, et cela, en vue de Dieu, avec une douceur, une patience et une sérénité admirables...

» En venant nous établir à Versailles, mon père me répétait souvent : « C'est ici le lieu de ma retraite ; je serai heureux de m'y occuper de plus en plus de mon salut ; il faut bien aussi se préparer à mourir !... Hélas ! j'étais bien loin de m'attendre, de me douter même que nous avancions à grands pas vers ce moment si douloureux ? mais le Seigneur l'y disposait peu à peu, ses communications avec lui devenaient de plus en plus intimes ! « Qu'il est doux d'aimer Dieu, me disait-il souvent !... »

» La maladie de ce père chéri faisait de rapides progrès. Souvent je le trouvais souffrant et profondément préoccupé. Ne sachant pas qu'il en avait de si justes motifs, hélas ! je cherchais à le tranquilliser sur l'état de sa santé ; il me répondait : « Tu as raison, peut-être, que veux-tu ? je ne suis pas assez patient. » Jamais il ne se plaignait : « Quoiqu'il en soit, je ne veux que ce que Dieu veut, que sa volonté soit faite. » Et ce mot, des milliers de fois répété, a été sa force jusqu'à la fin. ·

» Le 16 mai, notre bon père se mit au lit ; deux jours après, il eut la visite du R. P. de Ponlevoy qu'il m'avait chargé d'avertir de son état. Il eut une joie inexprimable à le voir ; il fit sa confession générale. En le quittant, il lui dit avec émotion : « Merci, merci, mon bon père ; si j'ai été à même d'être utile à la Compagnie dans le cours de ma vie, vous me le rendez bien aujourd'hui. » En sortant de chez notre cher malade, le P. de Ponlevoy me dit : « votre père a le Ciel dans le cœur ; c'est un fruit mûr pour le Ciel... Il est si bien préparé, que je crains pour vous que vous ne le perdiez bientôt... »

» Le lendemain, le 20 mai, notre père bien-aimé fit la communion avec bonheur ; je ne le quittai pas, et, en le voyant si doux, si calme, si recueilli, j'étais toute édifiée ; sa chambre me semblait un sanctuaire !... Le matin, le soir, dans la journée, il me demandait de lui réciter des prières, de lui faire quelques lectures pieuses, jamais il n'oubliait rien... On voyait que ses pensées étaient toutes pour Dieu, sa confiance puissamment appuyée sur la protection de Marie ! Mon âme était si saisie d'admiration en considérant toutes ces choses, en voyant le pouvoir de la grâce sur cette âme d'élite, que j'oubliais les fatigues du corps et les angoisses du cœur, me considérant bien privilégiée d'être appelée à la faveur d'assister un bienheureux : ce sentiment, qu'il est impossible de décrire, dominait tous les autres ; je l'ai gardé jusqu'à la fin. »

» Le 27 mai à cinq heures du matin, l'abbé Brassier vint lui donner l'Extrême-Onction, après une allocution fort touchante, qu'il termina en lui demandant pour nous la bénédiction de ce père bien-aimé. A ces mots, il ranima toutes ses forces, et nous la donna en disant : « Oh oui ! je vous la donne de tout mon cœur, à vous tous et à mes petits-enfants qui sont absents. » Mon frère, ma belle-sœur, une ancienne amie de la famille, la comtesse de Thünn, les gens de la maison, nous fondions tous en larmes, en recevant ce dernier gage d'amour du meilleur des pères. Il oubliait ses souffrances pour nous consoler : « Courage ! disait-il à son valet de chambre, qu'il voyait pleurer à ses côtés ; courage ! ne m'abandonnez pas cette nuit, mais faites-vous aider ; ne vous fatiguez pas tant ; je vous remercie de vos fidèles services ; » puis, il me disait : « Ne t'afflige pas tant ; après tout, nous serons au Ciel ensemble, c'est l'essentiel.... » Ce bon père faisait ses dispositions ; il me demandait tantôt un papier, tantôt l'autre ; rien ne lui échappait, tant sa présence d'esprit était grande ; tout était dans l'ordre *le plus admirable ;* ses papiers, c'était l'image de sa conscience où tout était si clair, si net, que même, à cette heure suprême, au moment d'aller rendre compte à Dieu d'une longue carrière, rien ne le troublait.

Son cœur si aimant sentait le besoin de prendre congé de tous ceux qu'il avait aimés : « M. Chaillot, cet homme par excellence, cet ami si bon, si dévoué, quand viendra-t-il ? N'est-ce pas que je le verrai encore ? Rappelle-toi de dire mille tendresses à ma sœur, à toute la famille. » Puis nommant tous nos amis un à un il ajoutait : « Tu leur diras les choses les plus amicales à tous ; tu écriras à telle personne, que jamais je ne lui en ai voulu ; à telle autre, que si jamais je lui ai fait de la peine, je lui en demande pardon ; à N..., que je regrette de n'avoir pas été à même de lui prouver mon dévouement. » Puis, regrettant que sa faiblesse ne lui permît pas toujours d'avoir dans sa chambre mon frère et ma belle-sœur ; il me disait : « Crois-tu que la différence que je parais faire entre eux et toi, que je garde constamment près de moi, puisse leur faire de la peine ? Elle n'existe pas dans mon cœur cette différence ; mais toi, tu es ma pensée, et je ne puis pas rester sans ma pensée. »

Enfin le 30 mai, vers le soir, sentant ses forces défaillir, il disait et redisait sans cesse : « Mon Dieu ! que votre volonté soit faite ». Peu à peu il perdit la parole, mais sa main cherchait encore à se lever pour faire le signe de la croix... M. l'abbé Brassier, la comtesse de Thünn, la sœur, mon frère, ma belle-sœur et moi, nous priions tous ensemble autour du lit de ce père mille fois cher, lorsqu'à onze heures et demie, il rendit sa belle âme à son Créateur. »

» Repose en paix, père chéri ; jouis, dans le sein de ton Dieu, de la récompense de tes constantes vertus ! Mais qui me consolera de ton absence ? Tu m'appelais ton ange, et c'était toi qui étais le mien ! toi, ma tendresse, mon guide, mon soutien ! toi, à qui, après Dieu, je dois tout... Veille, ah ! veille sur moi encore, jusqu'à ce jour heureux où nous serons réunis dans la céleste patrie ? Seigneur, vous me l'aviez donné ce père bien-aimé, le bonheur de toute ma vie ; vous l'avez repris ; que votre Saint Nom soit béni !

N° 14.

Etat des Services et des Grades

DE

Stanislas-Catherine de BIAUDOS CASTÉJA,

MARÉCHAL DES CAMPS ET ARMÉES DU ROI.

————+-*-+————

GRADES.

ANNÉES

Lieutenant en second au régiment du maréchal de Lowendal le 29 avril.	1747
Lieutenant le 20 mars.	1748
Capitaine en second le 8 août.	1754
Capitaine en pied au régiment de La-Marck le 20 juillet	1761
Major du régiment royal suédois le 31 décembre. .	1766
Major du régiment d'Alsace le 4 mars.	1767
Major du régiment de Bourbonnais le 12 juillet. .	1768
Commission de lieutenant-colonel le 24 mars. . .	1769
Chevalier de Saint-Louis le 4 décembre.	1770
Colonel du régiment Royal Comtois le 28 juillet . .	1773
Brigadier des armées du Roi le 1er mars. . . .	1780
Maréchal-de-camp le 1er janvier.	1784
Inspecteur d'infanterie le 1er avril.	1788

DATES DES CAMPAGNES.	GRADES DANS LESQUELS IL LES A FAITES.	ACTIONS OU IL S'EST TROUVÉ.
1747 et 1748.	Sous-lieut^t et lieutenant	A Namur.
août 1757	CAPITAINE	Au blocus de Gueldres.
8 octobre 1758	CAPITAINE	A la bataille de Lutterberg : sous M. le maréchal de Soubise.
1759	CAPITAINE	A l'affaire de Coveldt près de Lubeck sous M. le maréchal de Brissac. A la bataille de Minden. A la retraite de Minden, attaqué dans Eimbeck faisant partie du 2me bataillon du régiment de Lowendal, sous les ordres de M. le maréchal de Nicolaï.
1760	CAPITAINE	A l'attaque d'un moulin occupé par des grenadiers anglais près du château de Waldeck sur la droite de Corback et à la gauche de Suchsenhausen aux ordres de M. le maréchal de Vaux. A la prise de Cassel aux mêmes ordres. A l'attaque du bois de Transfeld occupé par les ennemis aussi aux mêmes ordres.

DATES DES CAMPAGNES.	GRADES DANS LESQUELS IL LES A FAITES.	ACTIONS OU IL S'EST TROUVÉ.
1761	CAPITAINE	A la canonade des ennemis sur le camp d'Una lorsqu'ils firent mine d'attaquer M. le maréchal de Soubise. A la défense du Landewehr près du château de Werle, la brigade de Lamarck étant aux ordres particuliers de M. le maréchal de Ségur et faisant partie de l'armée de Soubise.
1761	CAPITAINE	A la bataille de Filinckshausen, sous M. le maréchal de Soubise.
1762	CAPITAINE	A la bataille de Grevensleien sous MM. les maréchaux d'Etrée et de Soubise. A la canonade du camp retranché de Cassel. Le même jour; marché au secours des Saxons attaqués à Spel et Glashütt sur la Fuld, aux ordres particuliers de M. de Belmont sous M. de Closeu. AOUT A l'expédition de Hoxster sur le Weser, aux ordres de M. de Rochechouart. OCTOBRE. A la canonade de Werda.

N° 15.

M. le comte de Castéja émigra le 25 mars 1792 ; retiré dans son pays natal, il prévient les membres du Directoire du département de la Somme qu'il n'est point Français, mais qu'il est né dans le comté de Namur, qu'il n'a aucun bien en France, que tous ceux qu'il y gère, en qualité de mari, appartiennent à Mlle Doria, son épouse, que tous les biens acquis par eux ne l'ont été qu'au moyen d'emprunts dont le revenu surpasse la valeur ; que, par conséquent Mme de Castéja ne doit pas être inquiétée dans la possession de ses biens. Un double certificat accompagnait ce mémoire : le premier provenait de la justice de Celle : le second émanait du chirurgien qui donnait des soins à la mère du commandant de Castéja ; ce médecin y déclare que le grand-âge et la mauvaise santé de la mère du commandant exigent la présence de celui-ci à Celle. (1)

Il arrive aux hommes les plus érudits et qui écrivent beaucoup de manquer parfois de temps pour se relire, ce qui donne lieu à des équivoques, ou tout au moins à des méprises regrettables. Témoin le savant M. de Courcelles qui, dans son *Dictionnaire de la noblesse de France*, fait mourir M. le commandant de Castéja à Maëstricht en émigration le 10 mai 1792, tandis que dans son dictionnaire des généraux

(1) A cette époque, on vendit les biens du château du comte de Castéja. Les vins furent vendus 744 livres 10 sols ; le mobilier 24904 livres 11 sols 2 deniers. Le tout par ordre du Directoire du district de Péronne et par le ministère du citoyen Barlois, huissier du district.

français, il nous apprend que le même commandant de Castéja fut tué au château des Tuileries, à la journée du 10 août 1792.

Où mourut donc le brave commandant de Castéja. Sa veuve nous le fait connaître dans une pétition qu'elle adresse au district de Péronne, le 19 messidor, an III de la République, où il est dit que M. de Castéja, son mari, mourut à Maëstricht, le 11 mai 1792.

M. André de Castéja était officier de la Légion d'honneur, commandeur de l'Ordre impérial de Léopold d'Autriche, successivement, en 1815, commissaire du roi pendant les *Cent jours*, administrateur général dans la 16me division militaire, puis préfet du Haut-Rhin pendant l'occupation étrangère, enfin préfet du département de la Haute-Vienne. Il a épousé, par contrat du 30 juin 1802, Alexandrine-Françoise de Pons de Renepont, fille de Bernard-Alexandrine-Elisabeth de Pons, marquis de Renepont, et de Catherine-Louise-Julie de Chestret. (1)

Leur fils, M. René-Léon de Biaudos de Castéja, né à Paris, le 22 février 1805, fut page du roi. C'est M. le marquis de Castéja, neveu et héritier de M. François de Castéja. N'ayant point d'héritiers nécessaires, M. le marquis vient de léguer son nom et sa fortune à un fils adoptif.

M. le comte Louis de Bombelles, son frère, fut ministre de l'infortuné Maximilien qu'il accompagna au Mexique.

____

(1) M. André de Castéja, littérateur distingué, fut l'ami intime de Delille qui lui dédia une épître qu'on trouve dans les œuvres complètes du célèbre poète.

Il réside aujourd'hui à Vienne et y travaille à la publication de cette partie des Mémoires de son aïeul ayant trait aux missions diplomatiques qui lui ont été confiées par Louis XV et Louis XVI.

En exécution de la volonté de sa tante, Mme de Castéja, et sur l'emplacement désigné par elle avant de mourir, M. le marquis de Castéja fit élever une modeste chapelle dont il confia l'exécution à Ruminy maître-maçon à Rainecourt. On ne peut rien imaginer de plus simple que ce petit monument funèbre : quatre murs en briques percés à l'est et à l'ouest de fenêtres carrées et étroites, au nord et au midi de meurtrières surmontées d'un œil-de-bœuf, le tout orné de dessins ou d'inscriptions en verres de couleur.

Elle s'élève sur un caveau primitivement destiné à la sépulture du comte et de la comtesse de Castéja. Les vitraux des deux fenêtres carrées représentent : l'un, saint François de Sales ; l'autre, la sainte Vierge : elles sont du même artiste que celles qui décorent le chœur de l'église et qui sont dues également à la générosité de M. le marquis. Des deux œils-de-bœuf, l'un porte cette inscription :

CHAPELLE ÉRIGÉE A LA MÉMOIRE DE
CAROLINE-MARIE ANTOINETTE DE BOMBELLES,
ET SUIVANT SON DERNIER VOEU PAR
JEAN-MARIE-FRANÇOIS BIAUDOS DE CASTÉJA, SON ÉPOUX,
LIEUTENANT-COLONEL, CHEVALIER ET OFFICIER DE
PLUSIEURS ORDRES, AN DU SEIGNEUR 1861.

L'autre est ornée du double écusson de Castéja et de Bombelles. Biaudos de Castéja porte écartelé au 1 et 4 d'or, au lion de gueules ; au 2 et 3 d'argent, à 3 merlettes de sable, 2 et une.

Nous avons donné ailleurs les armes de Bombelles ; le double écusson est surmonté d'une couronne de marquis ayant pour cimier un lion issant qui est de Castéja. Un lion et une licorne servent de supports à ces armes.

Dans les fenêtres étroites, s'allongeant en forme de meurtrières, on lit, au nord : An 1864. — Conseil de fabrique de Framerville, MM. Henri Cordier, président ; Pascali Poiré, maire ; Stanislas Duneufgermain, curé ; Arsène Moyencourt, trésorier (1) Arsène Dumesnil, chef d'institution, secrétaire ; Michel Vermont et Pierre Guilmant, conseillers.

Au midi : An 1861. — Chapelle fondée en mémoire de Caroline de Bombelles, par son époux le comte de Castéja.

An 1863. — Donation de M. le marquis de Castéja, à la fabrique, à charge d'entretien de la chapelle et des deux tombes.

An 1864. — Sanction administrative par décret impérial.

Deux messes fondées par M. le Marquis, sont dites chaque année dans cette chapelle, à l'époque de l'anniversaire de leur mort, pour le repos de l'âme de M. et Mme de Castéja.

Si Mme la comtesse avait voulu qu'on lui élevât une chapelle modeste, elle a été exaucée : Combien il est regrettable que le désir de remplir à la lettre la dernière volonté de sa

(1) Successeur immédiat, en cette charge, de feu Firmin-Stanislas Martin, que M. le comte de Castéja honora toujours de sa parfaite considération.

tante ait empêché M. le marquis de Castéja de faire
exécuter le plan d'une chapelle gothique qui m'a été communiqué !

La génération présente qui connaît les habitudes géné-
reuses de M. le Marquis lui pardonnera volontiers son
scrupule ; mais il est à craindre que les générations
futures regrettent qu'on n'ait pas élevé aux nobles défunts
un monument plus digne, et du généreux donateur, et de
ceux dont elle devait abriter la dépouille mortelle et per-
pétuer la mémoire bénie.

N° 16.

Ministère des Affaires étrangères. — *Archives et Chancellerie.*

Le Ministre Plénipotentiaire Directeur des Archives et de la Chancellerie au ministère des Affaires étrangères, certifie que, des papiers conservés aux dites Archives, il résulte que M. le marquis de Bombelles a été :

1° Attaché à l'Ambassade du baron de Breteuil en Hollande, en 1768 ;

2° Nommé Conseiller d'Ambassade à Naples, le 3 mars 1772 ;

3° Ministre du Roi à Ratisbonne, depuis le commencement de l'année 1775, jusqu'en août 1779 ;

4° Ambassadeur de France en Portugal, depuis le 26 octobre 1786, jusqu'à la fin d'avril 1788 ;

5° Enfin, Ambassadeur à Venise, depuis le 30 octobre 1789, jusqu'en mars 1791.

Le présent certificat délivré à Paris, le 6 janvier 1877.

Le Ministre Plénipotentiaire Directeur.

P. Fauger.

N° 17.

Ministere de la Guerre. — *Archives.*

M. le marquis de Bombelles (Marc-Marie), né le 15 octobre 1744.

Reçu mousquetaire à la 2me compagnie de la Garde du Roi, le 5 janvier 1757 ;

Lieutenant réformé au régiment Colonel-général (cavalerie), le 16 août 1759 ;

Lieutenant le 23 octobre 1759 ;

Sous-lieutenant en 1763 ;

Capitaine commandant au régiment de Bercheny (hussards), le 28 avril 1765 ; .

Conseiller d'ambassade en Hollande, en 1768 ;

Rang de mestre de camp de cavalerie, le 13 mars 1771 ;

Ministre du Roi près la diète de l'Empire le 15 avril 1775 ;

Brigadier de cavalerie le 1er janvier 1784 ;

Ambassadeur en Portugal, en juin 1785 ;

Maréchal-de-camp, le 9 mars 1788 ;

Emigré en août 1792.

A fait les campagnes de 1759 en Allemagne, 1760 sur les côtes de Normandie, 1761 et 1762 en Allemagne ;

Chevalier de Saint-Louis le 24 janvier 1777, chevalier de Saint-Lazare.

Pour le Ministre da la Guerre.

Le Chef de Service,

G. DE MAMONY.

TABLE DES MATIÈRES.

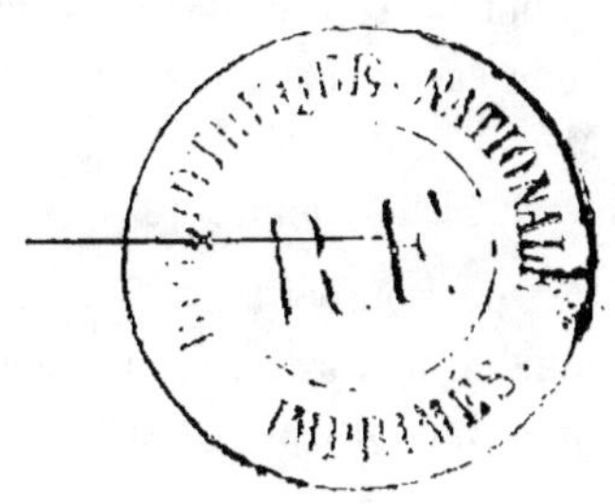

FIN.